JEAN-CLAUDE PERRIER

SAINT-EXUPÉRY

UN PETIT PRINCE EN EXIL

LES ANNÉES AMÉRICAINES (1940-1943)

PLON

92, avenue de France 75013 Paris
ISBN : 978-2-38292-222-4
Dépôt légal : avril 2024

Pour Alexis Powilewicz, qui passe sa vie dans les avions,
avec ma gratitude pour son soutien, et mon amitié.

« Vous êtes en guerre. Vous êtes jeunes. Vous vous préparez à travailler et à vous battre pour votre pays. Mais il s'agit, vous le savez, de plus encore que du sort de votre pays. C'est le sort du monde qui est en jeu. Et vous vous préparez à travailler et à vous battre pour la liberté dans le monde. »

Antoine de Saint-Exupéry
« Message aux jeunes Américains »
décembre 1941

Avant-propos

Saint-Exupéry et nous

Ce qu'il y a d'étonnant, chez Saint-Exupéry, sans doute d'unique pour un écrivain aussi célèbre et une œuvre aussi importante, c'est que, quatre-vingts ans après sa mort, rien ne semble figé. Son œuvre, pour partie inachevée, n'est pas forclose. Retrouvera-t-on un jour *Citadelle* dans son état originel ? Ou d'autres textes inédits, dans des archives qui finiront bien par s'ouvrir dans plus ou moins longtemps ? Déjà, en 2007, *Manon, danseuse*[1], écrit de jeunesse, était venu compléter le puzzle.

Quant à sa statue, elle n'est pas définitivement modelée. Chaque année ou presque, correspondances, documents, manuscrits, voire témoignages retrouvés, apportent un élément nouveau, éclairent un aspect inédit d'une personnalité particulièrement complexe et tourmentée. Ce fut le cas des magnifiques *Lettres à l'inconnue*[2], l'une de ses dernières histoires d'amour, ébauchée en Algérie en 1943,

1. Antoine de Saint-Exupéry, *Manon, danseuse et autres textes inédits*, Paris, Gallimard, 2007.

2. Antoine de Saint-Exupéry, *Lettres à l'inconnue*, Paris, Gallimard, 2008.

avec le Petit Prince utilisé en tant que messager d'un soupirant éconduit. Il y a aussi ces nombreux scénarios de films des années 1930, à peine esquissés ou un peu plus aboutis, qui passent régulièrement dans des ventes publiques et s'acquièrent fort cher... Les autographes de Saint-Exupéry, surtout assortis de dessins, ont la cote auprès des bibliophiles, collectionneurs, et donc des marchands.

Pour ma part, j'ai expliqué ailleurs[1] que c'est par le biais de l'enquête, de ce que j'appelle l'« archéologie littéraire », que j'avais été amené à travailler sur un auteur qui ne faisait pas partie, jusque-là, de mes préférés. La première fois, c'était en 2005, pour un numéro hors-série du *Figaro*, où j'étais alors journaliste. J'avais, à cette occasion, rencontré les frères Frédéric et Olivier d'Agay, petits-neveux de l'écrivain, sur la postérité de qui ils veillent au sein de la succession Saint Exupéry-d'Agay. Des liens de confiance et d'amitié se sont noués, qui nous ont permis, en 2007, de proposer aux lecteurs du *Figaro* une série d'été en neuf épisodes, un feuilleton conçu comme une gageure : chaque semaine, présenter un document rare ou inédit (lettre, poème, photo, dessin...) éclairant une facette de la vie ou de l'œuvre de Saint-Exupéry. Nous y sommes parvenus, et le courrier reçu témoigne de l'accueil favorable de notre public, qui est allé au-delà de simples remerciements. J'ai reçu des témoignages, voire des inédits, conservés jusque-là dans quelques greniers ou albums de famille. L'enquête se révélait aussi passionnante que son sujet. Il fut donc décidé, afin de rassembler cette matière, de faire un livre

1. Jean-Claude Perrier, *Les Mystères de Saint-Exupéry*, Paris, Stock, 2009.

qui mêlerait toutes les sources, et où la place ne me serait pas comptée comme les feuillets calibrés dans la presse.

Cela donna *Les Mystères de Saint-Exupéry*, paru en 2009. Lors d'une nouvelle édition, en 2017, j'ai ajouté un autre chapitre important, sur la succession de Saint-Exupéry et la façon dont sa veuve, Consuelo, avait voulu s'approprier le droit moral sur un héritage dont elle était déjà, sur le plan du droit d'auteur, la bénéficiaire à demi, selon la loi française. Un procès avait failli s'ensuivre, du vivant de Marie de Saint-Exupéry, la mère et exécutrice testamentaire de son fils, laquelle avait préféré le compromis. Mais le dossier, sensible, a connu, encore récemment, un certain nombre de rebondissements.

Aujourd'hui, alors que l'on s'apprête à célébrer les quatre-vingts ans de la mort prématurée de l'aviateur-écrivain, le 31 juillet 1944, à 44 ans, il nous a semblé qu'une partie de son parcours, particulièrement cruciale – son exil à New York de la toute fin 1940 au printemps 1943 –, méritait qu'on se penche à nouveau sur elle. Que toutes les pistes, même ténues, n'avaient pas été explorées, et que chaque minuscule pièce nouvelle apportée au puzzle compléterait l'ensemble. Il fallait, au minimum, aller voir les lieux où il avait habité, qu'il avait fréquentés, retracer les épisodes rocambolesques de cette histoire, sur fond de guerre mondiale, d'atermoiements des États-Unis, de bisbilles franco-françaises, jusqu'au départ final vers le combat actif et la mort, pressentie.

C'est cette enquête de terrain, à New York mais aussi à Montréal et à Québec, avec ses rencontres, ses recoupements, ses impressions, qui a nourri le présent livre. Mais au moment où s'en achevait l'écriture, a surgi ce qu'il faut bien appeler un hasard miraculeux. Le libraire parisien Benoît Forgeot[1], spécialiste non seulement des éditions originales d'écrivains, mais aussi de leurs manuscrits, archives et patrimoine littéraire, a « sorti » de ses rayonnages une collection exceptionnelle constituée par un amateur (lequel a souhaité conserver l'anonymat, comme la plupart du temps dans ce genre d'affaire) au long de sa vie. Vingt-quatre lots constitués de pièces majeures, « la crème de la crème », qui retracent le parcours et l'œuvre de Saint-Exupéry.

Parmi les pièces maîtresses : des exemplaires de l'édition originale new-yorkaise du *Petit Prince* dédicacés ; un exemplaire de *Terre des hommes*, comportant une longue dédicace et des dessins, offert à René Gavoille, compagnon d'armes de l'aviateur et commandant l'escadrille 2/33 où il servait lorsqu'il a été tué ; deux tapuscrits de *Vol de nuit*, où l'on voit l'extraordinaire travail que l'écrivain effectuait sur ses textes ; l'un des trois tapuscrits entiers du *Petit Prince* connus, peut-être le dernier encore en mains privées ; ses papiers d'identité argentins ; des dessins inédits, des lettres à Consuelo… On ne saurait tout citer. La provenance d'une partie de ces trésors est traçable : Nelly de Vogüé et Consuelo ont vendu des choses. D'autres arrivent de chez des collectionneurs connus. La bibliophilie est un tout petit milieu. Pour d'autres, enfin, mystère ! Un de plus. L'ensemble a été proposé à la vente à FAB Paris,

1. 4 rue de l'Odéon, 75006, Paris.

au Grand Palais Éphémère, du 22 au 26 novembre 2023, en un seul lot. Mise à prix : 1,8 million d'euros.

Avis aux heureux possesseurs d'autres manuscrits, tapuscrits, lettres, dessins de Saint-Exupéry. On espère seulement qu'avant qu'ils ne disparaissent à nouveau dans des collections privées, on puisse les consulter, les documenter, les replacer dans ce grand chantier en perpétuel mouvement. Il y a aussi ce musée Saint-Exupéry qui devrait ouvrir un jour, que l'on espère plus trop lointain, dans le château de Saint-Maurice de Rémens, dans l'Ain, où l'écrivain en herbe a vécu une enfance enchantée en compagnie de sa mère et de ses frère et sœurs. Il faudra alors constituer et nourrir son fonds.

Tous ces éléments, ces sujets, nous rendent « Tonio » présent, familier, accessible. Vivant et *forever young*.

Prologue

Le 21 décembre 1940, de Lisbonne, Antoine de Saint-Exupéry embarque sur le paquebot *Siboney* de l'American Export-Isbrandtsen Lines à destination de New York, après avoir expédié un télégramme à l'une de ses amies, Jane Lawton, au consulat de France. La traversée durera du 22 au 31 décembre. À bord du même bateau, voisin de cabine, le cinéaste Jean Renoir, avec qui il se découvre des goûts communs, notamment pour l'aviation et le pilotage. Une amitié naît. Des idées de travail en commun. Nous y reviendrons.

En 1940, Saint-Exupéry a 40 ans. Depuis son enfance heureuse, il s'est voué à ses deux grandes passions : écrire et piloter, la seconde nourrissant la première. Il faudrait sans doute y ajouter une troisième : les femmes…

Du côté paternel, il est issu d'une vieille famille aristocratique d'origine limousine, attestée depuis le Moyen Âge. Sa mère Marie est née de Fonscolombe. Son père, Jean, est mort en 1904. Son frère cadet, François, en 1917. Antoine demeure donc le seul garçon, le chevalier et le protecteur de sa mère chérie, et de ses sœurs : Marie-Madeleine, Simone et Gabrielle.

Il gardera de son enfance, pourtant non exempte de difficultés, notamment pécuniaires, et du château de Saint-Maurice de Rémens, où ils passent leurs vacances, le souvenir idyllique d'un paradis qu'il n'aurait jamais voulu quitter. Dans son âme, il ne l'a d'ailleurs peut-être jamais abandonné, et a cherché à le retrouver par la suite, à sa façon.

De l'aviation, il a fait son métier. Il est l'un des premiers, des pionniers, comme ses frères d'armes Mermoz ou Guillaumet. D'abord pilote au sein de l'Aéropostale, puis collaborateur d'Air France, compagnie créée en 1933. À ce métier, il a payé un lourd tribut : plusieurs crashs, accidents, dont certains graves. Fin décembre 1935, son Caudron Simoun, le F-ANRY, s'écrase dans le désert de Libye. En février 1938, avec un autre Simoun, il s'écrase au Guatemala. Il passera plusieurs jours dans le coma, s'en remettra, mais conservera jusqu'à la fin de sa vie des douleurs qui contribueront à fragiliser psychologiquement ce grand mélancolique.

Ces aventures, vécues comme une expérience métaphysique, l'ont emmené à la conquête d'une absolue liberté, bien loin des contraintes et des petitesses de l'existence terrestre. Il y a puisé la matière de son œuvre, reconnue en France et à l'étranger, en particulier aux États-Unis, où il s'est rendu plusieurs fois (trois, rien qu'en 1939, pour des motifs aéronautiques ou littéraires). Poulain de la prestigieuse maison Gallimard grâce à l'amitié de Gide et Malraux, il est l'auteur de plusieurs best-sellers. *Courrier Sud* (1929), *Vol de nuit* (1931), préfacé par Gide et lauréat du prix Femina, sont tous deux adaptés au cinéma. En février 1939, il vient de publier *Terre des hommes,* grand prix du roman de l'Académie française. Aux États-Unis, il est une véritable star. À son arrivée, il sera accueilli par le journaliste Pierre Lazareff et toute la presse américaine.

Mais comment en est-il arrivé là et pour quelles raisons ? La faute à la guerre, bien sûr, déclarée par la France et la Grande-Bretagne à l'Allemagne le 3 septembre 1939, en réponse à l'invasion de la Pologne.

Dès le lendemain, le capitaine de Saint-Exupéry est mobilisé à Toulouse comme instructeur. Il parvient à se faire affecter au sein du groupe 2/33 de reconnaissance, basé à Orconte dans la Marne, mais qui finira par se replier jusqu'à Perpignan. Juste avant l'armistice, l'aviateur avait été cité à l'ordre de l'armée aérienne et avait reçu la croix de guerre avec palmes. Le groupe 2/33 s'était ensuite réfugié à Alger. Après un aller-retour dans la France occupée, qui le laisse abattu, Saint-Exupéry était reparti pour l'Algérie, puis le Maroc. C'est de Tanger qu'il était passé au Portugal, l'Espagne de Franco lui étant interdite à cause des reportages nettement en faveur de la République espagnole qu'il avait écrits en 1936 et 1937, pour *L'Intransigeant* puis *Paris-Soir* (dirigé par Pierre Lazareff), sur la guerre civile.

Il était arrivé le 16 novembre à Lisbonne. Il y avait fait la connaissance de Renoir. Et appris la mort de son ami Henri Guillaumet, abattu au large de la Tunisie par un chasseur italien, alors qu'il convoyait jusqu'à Beyrouth l'homme politique Jean Chiappe, tout juste nommé par le maréchal Pétain haut-commissaire de

France au Levant. Un choc de plus. Viscéralement patriote, traumatisé par la défaite de la France en 1940, la capitulation, l'occupation allemande et le régime collaborationniste de Pétain, malheureux dans sa vie privée, ses relations tumultueuses avec Consuelo, son épouse depuis avril 1931, orphelin de ses frères d'armes Mermoz et Guillaumet, éprouvant de plus en plus de peine à canaliser sa permanente énergie créatrice dans des projets concrets, en particulier de nouveaux livres : l'idée de se réfugier pour un temps supposé bref aux États-Unis, où il a des appuis et où ses éditeurs le réclament, peut apparaître à Saint-Exupéry comme une échappatoire bienvenue.

Comme tant d'autres Français, dont nombre de célébrités (peintres, écrivains, journalistes, diplomates…), il prend donc le chemin d'un exil *a priori* matériellement confortable. Il ignorait alors que cette séquence durerait plus de deux ans (jusqu'au 2 avril 1943), qu'elle serait si intense et chaotique sur les plans politique et sentimental, mais également aussi productive. C'est à New York en effet que paraîtront d'abord *Pilote de guerre* (*Flight to Arras*), en 1942, interdit en France par le gouvernement de Vichy, puis, le 6 avril 1943, *Le Petit Prince* ainsi que la *Lettre à un otage* en juin. C'est également de New York qu'il repart le 2 avril 1943 sur le *Stirling Castle*, pour l'Algérie, afin de reprendre le combat pour libérer son pays de l'envahisseur nazi. Il part aussi pour trouver la mort, le 31 juillet 1944, au large de Marseille, au-dessus de la France, sans l'avoir revue – à l'exception des quinze derniers jours passés à Bastia.

Le film des événements

1940

21 décembre : départ de Lisbonne sur le *Siboney*.

> « Je les retrouvai sur le paquebot, mes réfugiés. Ce paquebot répandait, lui aussi, une légère angoisse. Ce paquebot transbordait, d'un continent à l'autre, ces plantes sans racines. Je me disais : "Je veux bien être un voyageur, je ne veux pas être un émigrant. J'ai appris tant de choses chez moi qui ailleurs seront inutiles." Mais voici que mes émigrants sortaient de leur poche leur petit carnet d'adresses, leurs débris d'identité. Ils jouaient encore à être quelqu'un. Ils se raccrochaient de toutes leurs forces à quelque signification. "Vous savez, je suis celui-là, disaient-ils… je suis de telle ville… l'ami d'Un tel… connaissez-vous Un tel ?" »
>
> *Lettre à un otage*, chapitre I.

31 décembre : arrivée à New York.
Antoine de Saint-Exupéry est accueilli par Pierre Lazareff. La presse américaine est là également. Il donne un entretien qui paraîtra le lendemain dans le *New York Times*, « France's Fall Laid To Military Chiefs ».

> « Il s'est soumis de bonne grâce à toute une série de questions, répondant avec franchise à celles qui concernaient l'effondrement de la France, évitant les autres, notamment quand on lui a demandé son opinion sur le maréchal Pétain, chef de l'État français. Comme il avait émis l'idée que la France remonterait la pente et compterait de nouveau parmi les grandes nations, on lui a posé la question : comment s'y prendra-t-elle ? Réponse immédiate : "C'est moi qui vous le demande." »
>
> *The New York Times*, 1er janvier 1941.

Il s'installe au Ritz Carlton grâce à son agent, Maximilian Becker, et à ses éditeurs Curtice Hitchcock et Eugen Reynal, dont il sera proche durant tout son séjour. Ce sont eux qui lui assureront des conditions matérielles confortables.

1941

5 janvier : visite au peintre Bernard Lamotte, un ami de jeunesse installé aux États-Unis, en compagnie de Jean Renoir. Son atelier, le « Bocal », est situé 52e East Street, au dernier étage.

> « Après une soirée chez lui, Bernard Lamotte et moi, nous éprouvons fortement la sensation de la rotation terrestre. L'éléphant est en Asie. Il équilibre notre poids, ce qui permet à la terre de tourner rond. »

Envoi à Bernard Lamotte sur un exemplaire
de *Terre des hommes*.
Un dessin représente la terre
avec le Rockefeller Center au sommet
et un éléphant, tête en bas, à l'opposé.

Saint-Exupéry remet à Renoir un exemplaire de *Terre des hommes* en vue d'une adaptation à laquelle les deux amis travailleront. Puis le cinéaste part pour Hollywood.

> « Le livre de Saint-Exupéry a avant tout une valeur humaine. C'est le chant d'espoir d'un homme, qui a les deux pieds bien posés sur le sol, et qui affirme que, en entrant en contact avec la terre ou avec les éléments, les hommes deviennent plus grands. »

Jean Renoir, lettre au producteur Darryl F.
Zanuck, 3 avril 1941.

15 janvier : lors d'un dîner de gala à l'hôtel Astor, l'Association des libraires américains et le *New York Herald Tribune* lui remettent le National Book Award pour *Wind, Sand and Stars* (*Terre des hommes*), qui s'est déjà vendu à 250 000 exemplaires aux États-Unis. Un entretien avec l'écrivain paraît dans le *New York Times* le 19.

« [Saint-Exupéry] a parlé du métier d'écrire. Il compare sa façon de travailler à celle d'un sculpteur, d'un boulanger, d'un tailleur de diamants. »

The New York Times, 19 janvier 1941.

« Pour progresser, il faut non pas se disperser, mais raturer, fouiller en profondeur, s'user, si besoin jusqu'au dégoût, sur la phrase (ou la peinture) dont on veut faire un piège [...] Le peintre chinois pendant cinq années va corriger la pente du ruisseau et la position des trois points qui figurent l'oiseau sur sa tasse. Et il arrivera à une science qui lui permettra peut-être un jour de faire une tasse pas mal en cinq minutes pour s'amuser. Mais celle-là ne comptera pas pour lui. Une œuvre dure le temps que l'on a mis dedans. »

Lettre à Consuelo, 1942.

22 janvier : Elizabeth Reynal et Peggy Hitchcock, les épouses de ses éditeurs, lui ont trouvé un appartement au 27e étage, 240 Central Park South. Il s'y installe et fréquente le café Arnold, juste en bas de chez lui.

31 janvier : son nom ayant été prononcé en tant que membre d'un potentiel Conseil national institué par le régime de Vichy, il rédige un communiqué de refus très ferme, donne au Carlton une conférence de presse dont le *New York Times* rend compte.

Février : il donne des lectures au Lycée français.

Avril : Jean Renoir essaie de convaincre Darryl F. Zanuck de faire adapter *Terre des hommes*, à propos duquel il écrit à Saint-Exupéry : « J'en suis sur le derrière. »

> « J'ai reçu de ce livre une impression si saisissante que je suis certain d'en faire un grand film. »
>
> Jean Renoir, lettre au producteur Darryl F. Zanuck, 16 avril 1941.

L'écrivain rend visite au cinéaste à Hollywood. Ils essaient de faire avancer leur projet de film. De retour à New York, Saint-Exupéry enverra à Renoir de longs enregistrements sur dictaphone, où il lui expose sa version de l'adaptation, du scénario…
Dans un entretien au *Harper's Bazaar*, Saint-Exupéry évoque ses souvenirs de lecture et les auteurs qui l'ont marqué : Andersen, les *Indes noires* de Jules Verne – qu'il rapproche de *Vol de nuit* –, Dostoïevski, Balzac, Baudelaire, Leconte de Lisle, Heredia, Mallarmé, Giraudoux, Pascal, Rilke.

> « Pendant la guerre, mes fidèles compagnons furent Pascal, *Les Cahiers de Malte Laurids Brigge*, de Rilke, et un volume fatigué des œuvres de Baudelaire… »
>
> « Quelques livres dans ma mémoire », entretien pour le *Harper's Bazaar*, avril 1941

19 avril : De Gaulle télégraphie à son conseiller René Pleven depuis Brazzaville : « Ne peut-on rallier Saint-Exupéry ? »

Août : retour à Los Angeles pour faire soigner de sérieux problèmes de santé, notamment dentaires, qui nécessiteront opérations et hospitalisation.
Saint-Exupéry est logé chez les Lazareff ou chez les Renoir. Il voit beaucoup les stars Annabella et Tyrone Power, et commence à écrire *Pilote de guerre*, tout en travaillant à un volumineux manuscrit laissé inachevé à sa mort, lequel deviendra *Citadelle*.
André Breton arrive à New York.
Saint-Exupéry essaie de trouver une place de bateau pour Consuelo, restée en France.

Septembre : à Londres, le général de Gaulle écrit à René Pleven au sujet d'un Comité national dont il aimerait que l'écrivain fasse partie.

Octobre : Consuelo obtient de Vichy son visa pour les États-Unis.

Mi-novembre : retour de Saint-Exupéry à New York, après une étape à Chicago.

Décembre : il séjourne avec son ami Jean-Gérard Fleury, homme d'affaires, journaliste et aviateur, à Washington, au Willard Hotel, où il fait la connaissance de Jean Monnet.

1er décembre : conférence au Lycée français de New York.

7 décembre : Consuelo embarque à Lisbonne sur l'*Excampion*.
Attaque sur Pearl Harbour.
À la demande de son amie Dorothy Thompson, Saint-Exupéry prononce une allocution devant le corps des étudiants volontaires de la Progressive Education Association. Le texte deviendra « Message aux jeunes Américains ».

12 décembre : arrivée de Consuelo. Saint-Exupéry vient l'accueillir, en compagnie de Fleury. Elle s'installe provisoirement au Barbizon Plaza Hotel avant d'emménager au 240 Central Park South, au 26ᵉ étage, en dessous de celui de son époux. Le couple reçoit les visites de tous les surréalistes en exil : Breton, Ernst, Duchamp, Masson, Tanguy, Miró, Dalí…

1942

Janvier : Jean Renoir, qui n'a pas réussi à convaincre les producteurs américains, renonce à l'adaptation de *Terre des hommes*.
Flight to Arras (*Pilote de guerre*) paraît en feuilleton dans *The Atlantic Monthly*, en quatre épisodes.

> « Ce récit et les discours de Churchill représentent la meilleure réponse que les démocraties aient trouvée jusqu'ici à *Mein Kampf*. »
>
> Edward Weeks, *The Atlantic Monthly*, avril 1942.

Février : Saint-Exupéry se plaint de sa relation de couple compliquée avec Consuelo.

> « Je suis las. J'ai pris une charge bien lourde sur mes épaules et il n'est ni question de pouvoir vivre en paix en m'en débarrassant, ni de pouvoir respirer en l'assumant. Drôle de chose que la conscience ! Évidemment il ne s'agit pas de vivre en mari-femme. Ça, c'est, pour moi, impossible. »
>
> *Lettre à Nada de Bragance*, février 1942.

Saint-Exupéry réalise plusieurs entretiens avec Pierre Brodin, le directeur des études du Lycée français de New York. Il lui fait lire *Pilote de guerre* sur manuscrit afin d'avoir son avis.

20 février : *Flight to Arras* paraît chez Reynal & Hitchcock, avec des illustrations de Bernard Lamotte. Il en fait parvenir un exemplaire dédicacé au président Roosevelt, et donne plusieurs conférences, dont une à l'Institut français.

Mars : il fait la connaissance de Silvia Hamilton chez son ami et traducteur Lewis Galantière. Une liaison s'ensuivra.

> « J'ai éprouvé pour toi une tendresse immense. Plus certaine que tu ne l'as cru. Sans doute n'était-ce pas l'amour. Mais ça n'enlevait rien de sa force. »
>
> Lettre à Silvia Hamilton

14 mars : entretien avec le correspondant à New York de *La Nación* de Buenos Aires.

24-25 mars : visite chez Jean Monnet à Washington. Celui-ci lui fera rencontrer en avril certains membres de l'état-major général de l'armée américaine.

29 mars : arrivée de Saint-Exupéry à Montréal, où il vient donner une conférence à l'hôtel Windsor.

30 mars : conférence de presse. Paraissent deux entretiens, l'un dans *Le Devoir*, le plus grand quotidien francophone de Montréal, l'autre dans *Amérique française*.

Mai : séjour forcé au Canada, pour cause d'absence de visa de retour pour les États-Unis.

> « Chère Sylvia[1],
>
> Je me suis trouvé bloqué dans ce pays dont je croyais revenir en quarante-huit heures. Les amis qui m'avaient fait venir et en qui j'avais toute confiance se sont trompés dans les problèmes de passeport et de visas et voilà plus de quinze jours que j'attends d'heure en heure l'autorisation de rentrer. Ce séjour en face du téléphone et le nez contre la frontière est un véritable supplice chinois. Je suis très désespéré. »

Lettre à Silvia Hamilton.

1. Orthographe fautive utilisée par Saint-Exupéry.

Saint-Exupéry verra dans ce séjour forcé une machination des gaullistes. À Québec, il habite chez les De Koninck, maison Têtu, rue Sainte-Geneviève. Il fréquente Philippe Roy, médecin, diplomate et homme politique québécois.

1er mai : conférence à Montréal, dont le compte rendu paraît le lendemain dans *Le Devoir*.

4 mai : conférence au Palais Montcalm, Québec.

5 mai : il est refoulé à la frontière américaine.

Mi-mai : arrivée de Consuelo. Excursion sur le lac Saint-Louis à bord du yacht du généalogiste Gabriel Drouin. Rare moment de bonheur du couple Saint-Exupéry. Un petit film en couleurs est tourné, muet, retrouvé en 2010. Consuelo intercepte un télégramme à son mari de Natalie Paley, avec qui il a une liaison.

25 mai : parution de « Message aux jeunes Américains », traduit par Lewis Galantière, dans *The Sentier Scholastic*. Il écrit une préface pour *La France que j'aime* d'Helen Mackay.

Juin : il peut enfin regagner les États-Unis. Il semblerait que ce soit lors d'un déjeuner avec ses éditeurs que soit émise l'idée qu'il écrive un conte pour enfants illustré, destiné à paraître à Noël.

> « *Le Petit Prince* tire son origine d'un petit dessin qu'Antoine de Saint-Exupéry avait fait par amusement en marge d'une esquisse originale de Bernard Lamotte pour l'illustration de *Flight to Arras*. C'était un petit personnage ailé qui lui ressemblait et le fascinait, et qu'il continua à dessiner sous différentes formes pour son propre plaisir. En jouant avec, il a pris sa silhouette définitive ; et je suppose que cela l'a décidé à imaginer de petites histoires autour de ce personnage, lesquelles sont finalement devenues un livre. Nous l'avons incité à travailler sur les dessins en pensant à un livre, sans avoir aucune idée de la forme que prendrait cette histoire[1]. »
>
> Eugene Reynal, éditeur de Saint-Exupéry aux États-Unis.

Etiemble l'attaque dans la revue surréaliste *VVV*. Breton est au comité de rédaction. Une polémique s'ensuit.

> « Ma position vis-à-vis du nazisme a été telle que, au cours de la guerre, j'ai fait casser trois mutations successives qui tendaient à sauver ma précieuse personne, dont une au cours même de l'offensive allemande, alors qu'il ne rentrait qu'une mission sur trois et que, dans mon idée, je ne pouvais pas espérer

1. « C'était un petit personnage qui lui ressemblait et le fascinait », Lettre d'Eugene Reynal à Maxwell A. Smith (University of Chattanooga, Tennessee), New York, 16 août 1949, cité dans Antoine de Saint-Exupéry, *Du vent, du sable et des étoiles. Œuvres*, édition par Alban Cerisier, Paris, Gallimard, coll. « Quarto », 2018.

survivre deux jours. Je suis étranger à la chance qui me vaut le privilège d'être critiqué. J'imagine bien que les signataires de manifestes vous paraissent d'une audace autrement vigoureuse [...]. André Breton défenseur de la liberté est un paradoxe. Vous êtes exclusivement défenseur de la liberté d'André Breton. Vous êtes l'homme des excommunications, des exclusives, des orthodoxies absolues, des procès de tendance, des jugements définitifs portés sur l'homme à l'occasion d'une phrase de hasard, d'un pas, d'un geste. Si vous n'êtes pas l'homme des Bastilles, c'est faute de pouvoir. Mais dans la mesure où votre faible pouvoir peut s'exercer, vous êtes l'homme des camps de concentration spirituels. »

Projet de lettre à André Breton, automne 1942.

Côté américain, Saint-Exupéry fréquente William J. Donovan (ami de Nelly de Vogüé, qui le lui a présenté), patron de l'OSS (future CIA), ou le général Carl Spaatz, de l'US Air Force.
Il commence à écrire *Le Petit Prince*.

Juillet : Consuelo entame une procédure de divorce, puis ne donne pas suite. Saint-Exupéry discute avec Lewis Galantière d'un plan de débarquement américain en Afrique du Nord.

Août : il s'installe à Westport, petite ville du Connecticut, puis à Bevin House, sur Long Island. Il prend des cours d'anglais, reçoit les visites d'amis ou

de relations, et se rend fréquemment à New York, chez Silvia Hamilton.
Il travaille à la rédaction du *Petit Prince.*

> « “Je voudrais une cabane et c'est le palais de Versailles !”, s'est écrié Tonio, bourru, en pénétrant le premier soir dans le hall. Maintenant, on ne saurait plus le faire sortir de Bevin House. Il s'est remis à écrire un conte d'enfants qu'il illustre lui-même à l'aquarelle. Géant chauve, aux yeux ronds d'oiseau des hauts parages, aux doigts précis de mécanicien, il s'applique à manier de petits pinceaux puérils et tire la langue pour ne pas “dépasser”. Je pose pour *Le Petit Prince*, couché sur le ventre et relevant les jambes. »
>
> Denis de Rougemont, *Journal d'une époque (1926-1946)*, 1968

27 octobre : les autorités allemandes d'occupation autorisent Gallimard à publier *Pilote de guerre* en France.

Fin novembre-début décembre : il rentre à New York, s'installe au 35 Beekman Place, dans un appartement ayant appartenu autrefois à Greta Garbo.

8 novembre : débarquement allié en Afrique du Nord.

12 novembre : Saint-Exupéry remet à ses éditeurs le manuscrit du *Petit Prince*, illustré par lui, après qu'une nouvelle collaboration avec Bernard Lamotte a été envisagée, puis abandonnée. Un contrat est signé.

27 novembre : *Pilote de guerre* paraît en France.

29 novembre : Saint-Exupéry lance, au micro de la BBC, un « Appel aux Français ». Le texte sera repris, en anglais, sous le titre « An Open Letter to French Men Everywhere », dans le *New York Times*, puis *Le Canada* de Montréal.

30 novembre : *Wind, Sand and Stars* (*Terre des hommes*) est adapté pour la radio par Orson Welles.

8 décembre : en France, la *Propaganda Abteilung* interdit l'exploitation de *Pilote de guerre*.

> « L'autorité occupante distraite a laissé paraître le livre. Mais son succès même l'a réveillée et elle vient de le faire mettre au pilon. »
>
> Jean Guéhenno, *Journal des années noires (1940-1944).*

19 décembre : Jacques Maritain répond à l'« Appel aux Français » de Saint-Exupéry avec « Il faut parfois juger », qui paraît dans *Pour la victoire*, le journal gaulliste des Français d'Amérique. Réponse de Saint-Exupéry.

> « Jamais je n'ai pensé "Vichy". J'ai pensé France. J'ai pu, et puis certes, me tromper encore dans les

constructions de ma raison et les actes qu'elles ont déterminés, ou déterminent. Il reste que je me tiens pour absolument pur et que vous, Jacques Maritain, à l'étage où vous vous situez, et quand je vous aborde ainsi en homme, vous n'avez pas le droit de me faire l'injure de ne pas me croire absolument. »

Antoine de Saint-Exupéry,
Lettre à Jacques Maritain.

1943

1er janvier : arrivée à New York d'Antoine Béthouart, représentant militaire du général Giraud. Plusieurs rencontres et discussions.

11 janvier : Gallimard est informé de la « suspension » de l'exploitation de *Pilote de guerre* par les Allemands, jusqu'à plus ample information sur le « camp » choisi par Saint-Exupéry.

8 février : confirmation de l'interdiction de *Pilote de guerre*.

Mars : prépublication dans *Amérique française*, à Montréal, de « Lettre à l'ami », soit les deux premiers chapitres de « Lettre à Léon Werth », qui deviendra *Lettre à un otage*. C'est à Léon Werth qu'est dédié *Le Petit Prince*.

« Nous nous découvrons vite des amis qui nous aident. Nous méritons lentement ceux qui exigent d'être aidés. [...] Il faut longtemps cultiver un ami avant qu'il réclame son dû d'amitié. »

Antoine de Saint-Exupéry, *Lettre à un otage.*

Autour du 15 mars : Saint-Exupéry, qui a réitéré les démarches auprès des autorités militaires américaines pour partir combattre en Afrique du Nord, reçoit sa feuille d'embarquement.

« Et je pars quand même, moi qui ai toutes les raisons de rester, qui ai dix mobiles de réforme, qui ai déjà — et durement — fait ma guerre. Je pars. Je suis le seul sans doute à partir à mon âge. Mais je pars, non pour faire le fonctionnaire — pour faire le pilote en guerre. J'ai les engagements nécessaires là-dessus. Je pars pour la guerre. Je ne puis pas supporter d'être loin de ceux qui ont faim, je ne connais qu'un moyen d'être en paix avec ma conscience et c'est de souffrir le plus possible. De rechercher le plus de souffrance possible. [...] Je ne pars pas pour mourir. Je pars pour souffrir et ainsi communier avec les miens. [...] Je ne désire pas me faire tuer. Mais j'accepte bien volontiers de m'endormir ainsi. »

Lettre à Consuelo, 29 ou 30 mars 1943.

Fin mars : durant une sorte de dîner d'adieu, Saint-Exupéry fait une lecture du *Petit Prince*.

1er avril : il effectue plusieurs visites à des amis.

2 avril : adieux à Silvia Hamilton, à qui il remet le manuscrit du *Petit Prince* et son appareil photo. Elle lui offre une gourmette en or, sa seconde, qu'il donne à Consuelo[1].
Il s'embarque sur le *Stirling Castle* pour l'Afrique du Nord. Il racontera sa traversée dans *Lettre à un Américain*, écrit en 1944.

6 avril : publication du *Petit Prince* à New York, chez Reynal & Hitchcock.

1. L'année précédente, ses éditeurs lui ont offert une première gourmette, en argent, qu'il portera toujours. C'est celle-ci qui sera retrouvée en mer, en 1998, au large de Marseille.

1

Le New York de Saint-Exupéry : les beaux quartiers

Bien qu'il n'ait pas été, à son arrivée à New York le 31 décembre 1940, en très bon état physique – il souffrait beaucoup, mal remis de ses différents accidents d'avion – ni psychologique – il est profondément traumatisé par la guerre, la défaite et l'invasion de la France, contre laquelle il a lutté en vain –, il ne faut pas s'imaginer Antoine de Saint-Exupéry en pauvre immigrant parqué à Ellis Island, attendant que les autorités américaines statuent sur son cas, ni même en écrivain sans situation devant se débrouiller pour subvenir à ses besoins et à ceux de sa famille – comme André Breton.

D'abord, il connaissait déjà la ville, où il s'était rendu pour la première fois en 1938, et était revenu à trois reprises en 1939. Il était par ailleurs célèbre aux États-Unis depuis la parution de *Terre des hommes* (*Wind, Sand and Stars*) le 16 février 1939, qui devient un best-seller et recevra, le 15 janvier 1941, le National Book Award. Saint-Exupéry avait donc des éditeurs, un agent, un traducteur américains, et des royalties qui l'attendaient, en dépit de quelques tracasseries administratives. Et des amis français sur place, comme son

« patron » Pierre Lazareff, lequel vient l'accueillir dès son débarquement du *Siboney*. La presse américaine lui réserve également un accueil de star. Il donne des interviews, publiées dès le lendemain, dont une au *New York Times*. En attendant de lui trouver un appartement, on l'installe à l'hôtel Ritz Carlton, 50th Central Park South, un palace Art déco face à Central Park. Ce secteur huppé sera le sien et toute sa vie new-yorkaise se déroulera dans les beaux quartiers, notamment la 5e avenue et l'Upper East Side où habitaient ses amis et relations[1].

Dès janvier 1941, il emménage au 240 Central Park South, à quelques rues du Ritz, dans un appartement au 27e étage d'un bloc d'immeubles, à l'angle de Columbus Circle et face à Central Park, qu'il voyait de ses fenêtres, et où il aimait aller se promener et nourrir les écureuils avec son amie l'actrice Annabella, femme de Tyrone Power. L'immeuble, construit en 1939, existe toujours. C'est un ensemble post-Art déco de trois tours en briques rosées, un peu austère, ouvrant sur un patio qui abritait autrefois le café Arnold, fréquenté par l'écrivain et ses amis.

Le bâtiment, situé en retrait de la rue, ne présente aucune plaque commémorative afin, nous a-t-on expliqué, que les résidents ne soient pas importunés par d'éventuels touristes en pèlerinage… Il faut franchir quelques mètres sous un dais de toile, comme partout dans le New York chic, avant de gagner le hall, où veillent deux gardiens-concierges en uniforme, aimables,

1. Voir plan dans le cahier photographique.

mais fermes : impossible, si l'on n'y connaît personne, de prendre l'ascenseur, de visiter les étages. Le nom de Saint-Exupéry ne leur dit rien, et il n'est plus là pour nous recevoir ! Les habitants vaquent à leurs occupations, délicat de les déranger. On m'autorise à me balader au rez-de-chaussée. Après l'accueil, un long couloir avec, aux murs, des photos anciennes du Circle et de l'immeuble, en noir et blanc. Y roulent encore des calèches, mêlées à des automobiles, mais rien à voir avec l'actuelle *furia* new-yorkaise de la voiture. À l'époque, le pâté de maisons comptait des magasins, Fountain Lunch et Delgreen Drugs. Au fond, juste avant les ascenseurs, un nombre impressionnant de boîtes aux lettres en fonte, dans des blocs en marbre blanc Art déco. L'immeuble abrite de nombreux particuliers et un cabinet de docteurs.

Un certain nombre d'activités, professionnelles ou amicales, menaient Saint-Exupéry vers la 5ᵉ avenue, qui coupe la Grosse Pomme en deux moitiés, West et East Side. Par exemple au Rockefeller Plaza, qui abritait les studios de la radio NBC. C'est là qu'il lira son « Appel aux Français » le 29 novembre 1942. Le Rockefeller Center situé, lui, au 610th 5th Avenue, accueillait les éditions de la Maison française et la librairie française de New York, fermée en 2009. Une inscription en lettres dorées, à ras du sol, en témoigne encore. L'écrivain fréquentait également quelques restaurants franco-américains, repères des exilés, comme Jackie's Restaurant, 21-23 West 52nd Street, avec Lewis Galantière ou le peintre Bernard Lamotte. Ce dernier avait son atelier tout près, au 3 East 52nd Street, surnommé « Le

Bocal », au-dessus du restaurant La Grenouille. Ce dernier, haut lieu d'une véritable effervescence intellectuelle, artistique et musicale, propriété de la famille Masson, existe toujours, quoique fermé lors de notre séjour. Une plaque apposée sur la façade par le Souvenir français témoigne de son passé historique. L'atelier de Lamotte, autrefois tout en haut, a été reconstitué au premier étage, avec des peintures de l'artiste. En revanche, la table mythique autour de laquelle les convives, souvent illustres, se réunissaient et discutaient, parfois âprement, de la situation internationale, et qu'ils ont signée, se trouve aujourd'hui au musée Air France, au Bourget. Saint-Exupéry y a gravé un Petit Prince…

Il y a aussi, sur la 5e avenue, face au Rockefeller Center, la cathédrale catholique Saint-Patrick, néo-gothique façon XIXe siècle, où le couple Antoine-Consuelo vient entendre la messe de Noël 1942.

Sinon, tous les amis que fréquentait Saint-Exupéry vivaient dans l'Upper East Side, comme à Pulitzer House, où son traducteur Lewis Galantière avait un appartement, 7-11 East 73rd Street. C'est chez lui que Tonio rencontre Silvia Hamilton, en mars 1942, laquelle habitait 969 Park Avenue. Les Reynal, eux, vivaient au 45 East 66th Street, tandis que la maison d'édition Reynal & Hitchcock avait ses bureaux au 486 Park Avenue. Hedda Sterne, elle aussi, habitait le même quartier, East 50th Street. Le long de Central Park se trouvait, à l'époque, le Lycée français, 3 East 95th Street, où l'écrivain a donné plusieurs conférences.

En dehors de New York, il a loué, en août 1942, une maison à Westport, Connecticut, et, de septembre à novembre de la même année, s'est installé, afin d'écrire *Le Petit Prince*, à Bevin House, DeLamater Bevin Mansion, 76 Bevin Road, Northport, sur Long Island, face au Connecticut. Une maison victorienne de vingt-deux pièces construite en 1862, louée par Consuelo, et où tout semble être demeuré en l'état depuis 1942. À son retour à New York, en novembre, Saint-Exupéry s'est installé de nouveau dans l'Upper East Side, au 35 Beekman Place, dans l'ancien logement de Greta Garbo, un immense et luxueux appartement avec trois chambres, balcon et vue sur l'East River[1]. L'écrivain y demeurera jusqu'à son départ des États-Unis, le 2 avril 1943.

Même si, compte tenu de son train de vie, et surtout des dépenses somptuaires de Consuelo, l'argent vint parfois à manquer un peu, on peut dire qu'Antoine de Saint-Exupéry a vécu, à New York, un exil doré, très entouré, fêté par ses amis, et productif. Rien, en revanche, n'a pu l'y consoler de ses souffrances et de la profonde détresse morale qu'il ressentait : problèmes de santé, naufrage de son couple, infidélités, querelles politiques, et surtout, la situation dramatique de son pays. « Mon parti, c'est la France », répétait-il souvent. Il lui fallait aller la libérer, les armes à la main, c'est-à-dire aux commandes de son avion. Durant des mois, en marge de cette vie plutôt confortable qu'il menait, il n'a nourri qu'une obsession : partir se battre, et a tout

1. Après avoir été acquis en 2017 pour plus de 8 millions de dollars, l'appartement a été remis en vente en 2022 pour la somme, plus modeste, de 7,25 millions de dollars.

tenté pour y parvenir, en dépit de son âge, de son mauvais état général, des réticences des états-majors. Il lui faudra attendre la mi-mars 1943 pour recevoir sa feuille d'embarquement pour l'Afrique du Nord, le 2 avril. On l'imagine, posant le pied sur la passerelle du *Stirling Castle*, soulagé, heureux. Enfin, *à sa place*.

2

Paris-sur-Hudson

Si, durant l'entre-deux-guerres, la bohème parisienne, Montparnasse et Saint-Germain-des-Prés surtout, fut une « fête », comme l'a vécue Ernest Hemingway, pour les intellectuels, écrivains et artistes américains en rupture de ban – Hemingway donc, Scott Fitzgerald, John Dos Passos, Natalie Paley et Gertrude Stein, entre autres –, on peut considérer que New York fut le refuge d'une grande partie de l'*intelligentsia* française en exil.

« Dans cette ville debout, écrit superbement Régis Debray, arrivent ceux dont ne veut plus la France couchée. Bon nombre de nos meilleurs anthropologues, théologiens, cinéastes, poètes, journalistes [...], s'en sont donc allés rejoindre cette Arche de Noé qui, avec le plus bel échantillon de l'esprit du temps, recueillait pour ainsi dire la substance du patrimoine de l'humanité[1]. » Après Manhattan-sur-Seine, Paris-sur-Hudson.

Parmi ces immigrés, Antoine de Saint-Exupéry, arrivé dans les premiers, passe pour « le plus célèbre des

1. Préface à *Émigrés à New York. Les intellectuels français à Manhattan. 1940-1944*, de Jeffrey Mehlman, Paris, Albin Michel, 2005.

Français en exil », écrit l'universitaire américain Jeffrey Mehlman[1], professeur à l'université de Boston et spécialiste de la littérature française. Une espèce de porte-drapeau (même si contesté), parce qu'il connaît déjà un peu les États-Unis, qu'il y est traduit, lu et admiré. Son agent, son traducteur, ses éditeurs lui assurent un train de vie correct – même si, grâce à Consuelo, le couple tirera toujours plus ou moins le diable par la queue. On ne peut pas dire que Saint-Exupéry ait vraiment *aimé* les États-Unis, même s'il a remercié chaleureusement les Américains de leur accueil, de leur aide. Il n'est jamais parvenu à apprendre leur langue. Quant à leur civilisation pragmatique, matérialiste et consumériste, elle représentait tout ce qu'il pressentait de l'avenir, lequel lui était étranger et l'inquiétait gravement. L'écrivain se trouvait face à elle tel le Petit Prince face à l'affreux et absurde businessman, riche de posséder « cinq cent un millions six cent vingt-deux mille sept cent trente et un(e)[2] » étoiles.

Saint-Exupéry fait donc partie de ceux qui ont voulu et pu partir. Ce qui n'est pas le cas de tous les intellectuels français. La majorité est demeurée dans l'Hexagone, et à Paris. Ceux, d'abord, qui se trouvaient en accord avec le régime de Vichy, et la collaboration avec les Allemands. Comme ces quelques extrémistes, Louis-Ferdinand Céline, Alphonse de Châteaubriant (qui se vantait d'être nazi et ami d'Hitler), Abel

1. *Ibid.*
2. *Le Petit Prince*, chapitre XIII.

Bonnard (de l'Académie française), Pierre Drieu la Rochelle (pourtant ami de Gide et de Saint-Exupéry qu'il avait aidé à obtenir son visa pour les États-Unis, proche de Malraux, d'Aragon...), Robert Brasillach ou Lucien Rebatet...

D'autres se sont accommodés de la situation et ont continué de publier leurs livres, en passant à travers les mailles des restrictions et de la censure : comme le très ambigu Jean Cocteau, ou Jean-Paul Sartre, suspect d'aucune complaisance, mais à qui ce « non-engagement » sera longtemps reproché. Et puis, il y a tous les autres. Ceux qui sont restés à Paris au début, puis sont partis pour la province, souvent le Sud : Gide sur la Côte d'Azur, Martin du Gard ou Malraux en Corrèze, avant de rejoindre la Résistance, de Gaulle et le combat. Parmi ceux-ci, certains ont quitté la métropole après l'occupation de tout le pays par les Allemands et les Italiens, le 11 novembre 1942. Comme Gide, ils ont souvent migré vers l'Afrique du Nord française, l'Algérie ou la Tunisie, département ou protectorat. C'est d'ailleurs à Alger que Gide et Saint-Exupéry se retrouveront, dès mai 1943.

On trouve aussi, chez les intellectuels français, de nombreux résistants de l'intérieur, comme Jean Prévost, proche de Saint-Exupéry, mort sous les balles des Allemands, dans le Vercors, le 1er août 1944. Et les rares qui ont rallié Londres, dont Raymond Aron, lequel n'était pourtant pas gaulliste.

Enfin, il y a tous ceux qui ont opté pour l'exil. Certains en Amérique latine, comme Roger Caillois, installé à Buenos Aires dès 1937, et engagé dans la France Libre ; Bernanos au-dessus de la mêlée au

Brésil, de 1938 à 1945 ; ou encore Jean Malaquais, Juif polonais « apatride » exfiltré en 1943, grâce à l'aide de Gide, vers le Venezuela, le Mexique, puis les États-Unis, dont il prendra la nationalité. La majorité néanmoins a choisi les États-Unis et New York, où s'est reconstituée une France en miniature, qui se connaît, se côtoie, fréquente les mêmes lieux, bistrots, cafés, restaurants, librairies, galeries, se reçoit, discute, débat, s'oppose, s'invective, complote, se dénonce, milite pour l'un ou l'autre des régimes ou des prétendants possibles pour l'*après*, cherche à se placer, ou, pour les plus lucides, à envisager l'avenir de la France. Un microcosme parfois étouffant, où les passions politiques s'exacerbent, un « panier de crabes », comme l'a dit Saint-Exupéry à plusieurs reprises. Il est pourtant l'un des protagonistes les plus en vue de ce théâtre, et l'une des figures majeures de cette diaspora chic.

Arrivé à New York en même temps que Saint-Exupéry, Jean Renoir est un compagnon de voyage devenu ami. Né en 1894, deuxième fils du peintre Auguste Renoir, il a commencé sa carrière de cinéaste en 1924. Mais c'est dans les années 1930 qu'il a donné ses chefs-d'œuvre, dont le sommet est *La Règle du jeu* (1939), devenu un classique. Homme de gauche, proche du Front populaire et du Parti communiste (auquel il n'adhérera jamais), Renoir réalisa un temps un cinéma militant, social, sous l'influence du groupe Octobre, des frères Prévert. Lorsque Pétain arrive au pouvoir, il manifeste d'abord quelque complaisance, puis prend le chemin de l'exil. Dès janvier 1941, il part s'installer à Hollywood afin d'y tenter sa chance. Il y parviendra modestement, au prix de nombreuses difficultés. Son dernier film *made in USA*, *La Femme sur la plage*, sorti en 1947, est un échec commercial. Il n'en voudra pas à son pays d'adoption, dont il prend également la nationalité en 1949, avant de partir pour l'Inde, tourner *Le Fleuve*, son chef-d'œuvre méconnu. Il reviendra mourir à Beverly Hills en 1979. Il entretenait avec Saint-Exupéry une proximité d'idées et quelques passions communes. Le cinéma, d'où un certain nombre de projets – qui n'aboutiront pas, hélas[1]. Et, surtout, l'aviation : féru d'aéronautique, Renoir avait été pilote durant la guerre de 1914. Les deux hommes se verront durant tout le séjour américain de l'écrivain, qui habitera à plusieurs reprises chez Renoir en Californie.

À New York, Saint-Exupéry est accueilli dès son arrivée par une figure marquante de la diaspora française, Pierre Lazareff. Né à Paris en 1907 dans une famille juive russe non pratiquante, cancre fasciné par le monde du spectacle et la presse, il crée son premier journal dès 1924, le bien nommé *Illusion*, qui n'aura que trois numéros ! Après quelques années de petits boulots, il entre à *Paris-Midi* en 1928, dont il dope les ventes. Puis il crée *Paris-Soir*, où il fait signer, entre autres, Kessel et Saint-Exupéry. Dès 1940, recruté par l'Office of War Information (où il fait appel, entre autres, à André Breton), il gagne les États-Unis. Puis il est envoyé à Londres, pour prendre la direction de l'American Broadcasting System in Europe, station

1. Voir chapitre V, « Le cinéma, une lanterne magique ».

de radio de propagande alliée à destination du continent européen. Revenu en France dès la Libération, cet homme de presse de génie lance son titre le plus emblématique, *France-Soir*, qui connaîtra un succès considérable dans les années 1950-1960. À l'origine, Pierre Lazareff était *a priori* anti-gaulliste. Son biographe, Yves Courrière, écrit : « Pour lui ce général représentait tout ce qui restait de l'avant-guerre des ligues, de la cagoule et de l'antisémitisme[1]. » Il changera néanmoins d'opinion et se ralliera à de Gaulle à son retour au pouvoir, en 1958.

Parmi les coteries que Saint-Exupéry a été amené à fréquenter à New York, figurent les surréalistes, massivement immigrés et menés par André Breton, leur gourou, arrivé le 14 juillet 1941, qui s'opposera à Saint-Exupéry l'année suivante lors d'une violente polémique politique[2]. Né en 1896, le « pape du surréalisme » est alors très connu des milieux intellectuels et artistiques, depuis les années 1920 et le premier *Manifeste du surréalisme* (1924). On peut considérer que le surréalisme et son chef de file atteignirent leur apogée dans les années 1930. Ils publièrent alors leurs œuvres majeures, menèrent leur chemin, non sans conflits et scandales – dont ceux liés aux ruptures tonitruantes avec Aragon, en 1935, et Éluard, en 1938, pourtant cofondateurs du mouvement, en raison de l'appartenance réitérée de ceux-ci

1. Yves Courrière, *Pierre Lazareff ou le Vagabond de l'actualité*, Paris, Gallimard, 1995.

2. Voir chapitre VI, « Je suis si las des polémiques... ».

au Parti communiste. Breton avait quitté Marseille le 25 mars 1941, suite à l'interdiction par la censure de Vichy de son *Anthologie de l'humour noir* (1940) et de *Fata Morgana* (écrit en 1941, avec des illustrations de Wifredo Lam, publié seulement en 1942 à Buenos Aires), et à sa qualification par le gouvernement français d'« anarchiste dangereux ». Il avait même subi quelques jours de prison avant de pouvoir partir. Sur le même bateau que lui, Wifredo Lam, peintre cubain établi à Paris dès 1938, ou l'anthropologue Claude Lévi-Strauss. Ils font escale à la Martinique, où Breton se lie avec Aimé Césaire, et échappe encore à la prison, libéré sous caution. Parvenu à New York le 14 juillet 1941, il demeurera aux États-Unis près de cinq ans. Recruté par Pierre Lazareff pour *The Voice of America*, il dirigera la revue *VVV*, organisera des expositions, voyagera beaucoup (notamment au Mexique, au Canada, à Haïti), écrira quelques livres (mineurs par rapport aux grands textes d'avant-guerre), et rencontrera, en décembre 1943, Élisa Bindorff, sa dernière épouse. Après avoir divorcé de sa deuxième femme, la peintresse Jacqueline Lamba, mère de sa fille Aube, laquelle l'avait quitté pour David Hare, l'éditeur de *VVV*, ils se marieront dans le Nevada. Breton reviendra en France le 25 mai 1946.

À partir de l'arrivée de Consuelo de Saint-Exupéry à New York, le 12 décembre 1941, le couple va fréquenter la plupart des membres du groupe surréaliste. C'est Consuelo qui, en raison de ses études artistiques à Paris au milieu des années 1920, avait fait leur connaissance, certains étant devenus de ses amis. La présence

« massive » des surréalistes en exil aux États-Unis (Breton et Jacqueline Lamba, on l'a vu, mais aussi Max Ernst, André Masson, Hans Arp, Hans Bellmer, Roberto Matta, Benjamin Péret, Yves Tanguy, Wifredo Lam, Salvador Dalí, Joan Miró...) est largement due à l'intervention courageuse de Varian Fry, journaliste américain né en 1907, travaillant en France, et qui, installé à Marseille en 1940-1941, permit à plusieurs milliers de personnes (Juifs ou intellectuels en danger) de fuir la France occupée[1]. Son métier lui servant de couverture pour ses activités humanitaires au sein de l'Emergency Rescue Committee, il a secouru et réussi à exfiltrer environ 200 artistes et écrivains menacés, dans des conditions souvent acrobatiques, des Français et des étrangers, comme Heinrich et Thomas Mann, écrivains allemands opposants résolus au nazisme. Son rôle, un temps contesté, a été reconnu tardivement et salué du titre de Juste parmi les nations. Le cas de Marcel Duchamp est un peu particulier, puisqu'il avait noué un lien privilégié avec les États-Unis avant la guerre, et possédait un atelier à New York, dans Greenwich Village. Il prendra même, en 1955, la nationalité américaine.

Parmi ces immigrés, l'anthropologue et ethnologue Claude Lévi-Strauss, né en 1908, qui avait déjà travaillé au Brésil, de 1935 à 1939. Contraint à l'exil en 1941, il doit à Varian Fry d'avoir pu embarquer sur le même bateau que Breton. À New York, Lévi-Strauss fut l'un des rares à être heureux, il l'a souvent confié. Il

1. De 2 000 à 4 000 selon les sources.

a aimé la ville et son esthétique « minérale », et y a fait des rencontres capitales pour sa pensée et son œuvre à venir. En particulier le linguiste Roman Jakobson, avec qui il s'est initié à la linguistique et à l'analyse structurale, jetant ainsi les bases du structuralisme, discipline hybride qui marquera les sciences humaines et la critique, dans le monde entier, durant les années 1960 et 1970. Lévi-Strauss demeurera à New York jusqu'en 1947.

À côté de Saint-Exupéry, moins célèbre mais tout de même connu aux États-Unis, où certains de ses livres ont été publiés avant-guerre, une autre « star » de la communauté française : le poète Saint-John Perse. Né Alexis Saint-Leger Leger en Guadeloupe en 1887, arrivé en métropole à l'âge de douze ans, il commence à écrire très jeune, et se lie bientôt avec les plus grands auteurs de la jeune *NRF* : Claudel, Jammes et Larbaud. Mais également Gide, qui sera son ami, et l'éditeur de son premier livre, *Éloges*, l'une des premières publications de la maison Gallimard en 1911. C'est lui qui, alerté par W.B. Yeats, fera connaître à Gide le *Gitanjali* de l'immense Rabindranath Tagore, que celui-ci traduira lui-même de l'anglais et publiera chez Gallimard en 1913 sous le titre *L'Offrande lyrique*.

Dans le civil, Leger est diplomate. Il a été en poste en Chine, puis a occupé un certain nombre de fonctions importantes au Quai d'Orsay, dont le secrétariat général, où il s'oppose à la politique « munichoise » du gouvernement Daladier en 1938. Dès les débuts de la guerre, il est considéré comme « belliciste », et démis de ses fonctions. On lui propose néanmoins le poste d'ambassadeur à Washington. Il refuse, se met en disponibilité et embarque, le 16 juin 1940, pour Londres, où il rencontre Churchill, avec qui il se lie d'amitié, mais se tient à distance de De Gaulle qu'il ne ralliera jamais. Il poursuit son exil vers les États-Unis, *via* le Canada, et arrive à New York le 14 juillet 1940. Il y apprend sa déchéance de la nationalité française par le régime de Vichy, la confiscation de ses biens, et sa radiation de l'ordre de la Légion d'honneur. Pour vivre, il est nommé, sous son identité d'auteur, Saint-John Perse, conseiller littéraire à la bibliothèque du Congrès, à Washington, grâce à son ami le poète Archibald MacLeish et reçoit une bourse privée – un même dispositif avait été mis en place pour Thomas Mann.

Leger passera les années de guerre entre Washington et New York, occupé à voyager à travers le pays, et à l'écriture de ses grands livres. Dès la Libération, en 1944, il sera réintégré dans la diplomatie française en tant qu'ambassadeur en disponibilité (jusqu'à sa retraite, en 1950) après avoir récupéré sa nationalité et tous ses droits. Mais il restera vivre aux États-Unis et ne rentrera en France pour la première fois qu'en 1957. Quoiqu'il ne se fût pas déclaré « gaulliste », Alexis Leger avait été approché par le Général en mai 1942 afin de faire partie d'un comité qu'il souhaitait mettre en place à Londres. Le diplomate excipe de son statut pour décliner la proposition, ainsi que l'idée d'un voyage à Londres, lequel, écrit-il dans sa réponse au Général le 25 mai 1942, « sans engagement possible de [s]a part, ne manquerait pas d'être mal interprété ». Il termine sa lettre par une phrase alambiquée, où il salue la Résistance française, l'héroïsme de ses martyrs, et la place que la France devra occuper au moment du règlement de la paix, c'est-à-dire après une victoire dont ce patriote fervent et inébranlable ne doute à aucun moment.

Consulté par les uns et les autres, correspondant aussi bien avec Churchill ou Roosevelt, réfléchissant sur « l'après », impeccable dans son rejet de la collaboration, Alexis Leger adressera, le 14 juillet 1942, un « message aux Français d'Amérique », quelques mois avant l'*Appel aux Français* de Saint-Exupéry (29 novembre 1942). Sous le titre *An III de l'exil*, il est publié dans le journal *France-Amérique*. Sur un mode lyrique, voire pompeux (proche de sa poésie, diraient ceux qui ne l'apprécient pas...), il y célèbre « l'âme française » que « l'oppression allemande » n'a pu « réduire », que « la compromission officielle » n'a pu « égarer », dont « l'incertitude étrangère » (c'est-à-dire le long délai avant l'entrée en guerre des États-Unis) n'a pu « obscurcir l'éclat ! »

> Face au nazisme allemand, quarante millions de Français, moins quelques hommes, clament leur foi dans l'irréductibilité de la France ; face au nazisme français, quarante millions de Français, moins quelques hommes, clament leur foi dans la fidélité de la France à elle-même ; face aux Démocraties alliées, quarante millions de Français, moins quelques hommes, clament leur foi dans le triomphe des Libertés humaines !

Superbe période rhétorique ternaire : c'est beau comme du Cicéron, du Bossuet, du Chateaubriand, du Clemenceau.

S'en tenant toujours à des idées générales, il exhorte ensuite chacun à « ne jamais composer, ne jamais transiger, ne jamais oublier ! » Et les Français de l'étranger à accomplir leur devoir, vis-à-vis de leurs compatriotes captifs, des « Français combattants » et de « tous nos frères alliés ». Sans expliquer clairement en quoi cela pourrait consister. Sa conclusion n'est pas moins ampoulée : « Sur l'enclume du malheur se reforge l'âme française ! » Il achève sur une note positive, imaginant cette aube où « le peuple de France tout entier, sous les armes, [se trouvera] réuni à ses Libérateurs ! » Beaucoup de points d'exclamation, de phrases ronflantes (certaines dignes de Paul Déroulède), mais rien de très concret, et aucun engagement personnel. Encore plus flou que Saint-Exupéry, Alexis Leger ne mentionne aucun nom, pas même celui de De Gaulle[1].

Un autre personnage important du microcosme français de New York s'appelle Henri Claudel. Né en 1912, il est le quatrième enfant du grand Paul Claudel, écrivain-diplomate, lequel avait été notamment ambassadeur de France à Washington, de 1927 à 1933. Claudel avait commencé par saluer Pétain et son régime, avant de les vouer définitivement et violemment aux gémonies à partir de 1941, en raison des persécutions contre

1. Sur Saint-John Perse, voir *Œuvres complètes*, Paris, Gallimard, « Bibliothèque de la Pléiade », 1972. Le volume, paru trois ans avant sa mort, a été voulu, organisé, composé, écrit par lui pour ce qui concerne la chronologie, ainsi que les notes et notices ! Il présente de nombreuses lettres choisies, et de précieux documents. Le tout parfois opportunément réarrangé, voire inventé. Un monument pour l'histoire…

les Juifs. Henri Claudel travailla jusqu'à la guerre dans l'industrie des bougies pour l'aviation, chez B.G., une filiale de Gnome et Rhône, l'entreprise de Paul-Louis Weiller – ami de son père, mais aussi de Malraux –, héros de l'aviation en 1914-1918 devenu industriel, et grand mécène des arts et des lettres. L'usine ayant été réquisitionnée par les Allemands, le patron, juif, déchu de sa nationalité, s'étant réfugié au Canada, Henri Claudel, gaulliste de la première heure, ne partit pas pour Londres, mais pour New York, avec sa femme grecque, Christina, et leurs enfants. Sa maison deviendra l'un des hauts lieux de la vie new-yorkaise, fréquentée en particulier par Saint-Exupéry, qui s'y sentait « en famille », comme au temps béni de Saint-Maurice de Rémens et de l'enfance. Il adorait jouer avec les enfants Claudel, en particulier avec la petite Marie-Sygne, pour qui il dessinait des Petit Prince. Henri Claudel se montra très actif aux États-Unis, et tenta de rallier tous ceux qu'il pouvait à la cause gaulliste. En vain avec Saint-Exupéry. Bien des années après, le vieux monsieur (qui fut consul général à New York de 1969 à 1972), le regrettait encore. Sa fille, elle, devenue Lady Northborne, a conservé avec elle toute sa vie les précieux dessins de son ami Tonio[1].

1. Rencontres avec l'auteur, voir *Les Mystères de Saint-Exupéry*, *op. cit.* Henri Claudel est mort en 2016, à 104 ans.

3

Saint-Exupéry et les femmes : un séducteur malheureux

Orphelin à quatre ans, seul homme de sa famille à dix-sept, Antoine de Saint-Exupéry vécut son enfance au milieu des femmes : sa mère Marie et ses sœurs. Avec, dès l'origine, cette double exigence : les protéger du monde extérieur, tel un paladin de jadis, et se faire consoler de ses chagrins, douleurs, échecs. Saint-Exupéry chercha toute sa vie à trouver auprès des femmes, rencontres éphémères, amies ou amours devenues amies, une écoute attentive, un accueil à ses confidences, souvent écrites. Notre homme était un graphomane, qui pouvait rédiger plusieurs longues lettres d'amour par jour à des destinataires différentes, avec la même passion. C'est ce que Gérard Egnell, spécialiste de l'écrivain et collectionneur, appelle joliment sa « fidélité cloisonnée », on pourrait aussi parler de « liaisons parallèles », le cas Consuelo étant évidemment à part.

Durant les années américaines, Saint-Exupéry continua par exemple de correspondre avec ses vieilles amies françaises – l'une d'elles, Nelly de Vogüé, vint même le voir à New York au printemps 1941 –, tout en entretenant une correspondance avec ses amoureuses présentes sur place – Silvia Hamilton, rencontrée en mars 1942 chez son traducteur américain Lewis Galantière, et Natalie Paley, qu'il aurait peut-être connue dès 1936, sur le tournage de *Courrier Sud*. Toutes recevaient des missives enflammées, avec des surnoms charmants (« Mon petit plume d'Ange » pour Nada de Bragance), parfois ornées de dessins, ou pouvaient se voir consultées sur tel chapitre de livre, tel sujet d'actualité. Saint-Exupéry était un touche-à-tout. Dans une lettre à Yvonne de Lestrange datée de 1931[1], il était par exemple question de Gandhi, de la colonisation à travers la vision que Gide[2] avait des Noirs, telle qu'exprimée dans son *Voyage au Congo* (Gallimard, 1927). Saint-Exupéry adorait également, comme Gide justement, lire à haute voix à ses ami(e)s, des pages de certains livres en cours. Afin de se rassurer lui-même, lui qui douta toute sa vie de son talent.

À ce titre, son premier grand amour, à qui il écrivit au moins jusqu'en 1939, et sans doute après, durant son exil, même si pour l'instant ses lettres ne sont pas réapparues, revêt dans sa trajectoire une importance capitale. Il s'agit de Loulou – « Ma vieille Loulou » ou « Loulou chérie » –, *alias* Louise de Vilmorin. Si Antoine fut « un homme à femmes », alors Louise

1. Dans *Autour de Courrier Sud et de Vol de nuit*, Paris, Gallimard, 2007.

2. Dont Saint-Exupéry écrit qu'il est « la forme d'intelligence qui [l]e touche le plus ».

fut « une femme à hommes », jouissant toute sa vie d'un entourage masculin de haut niveau, fasciné par sa culture, sa vivacité, son culot, par son charme plus que par sa beauté. De deux ans la cadette de Saint-Exupéry, Louise lui aurait été présentée dès 1919 ou 1920, par l'intermédiaire d'Honoré d'Estienne d'Orves, un cousin des Vilmorin, comme Jean de Vogüé. Tout ce petit monde, avec Bertrand de Saussine – un cousin d'Antoine –, ou Olivier de Vilmorin – l'un des frères de Louise –, était pensionnaire à l'école Bossuet, près du jardin du Luxembourg, et s'était constitué en « groupe », une espèce de cercle de bohème aristocratique et chic. La définition même des Vilmorin, illustre et riche famille, avec hôtel particulier rue de la Chaise, et château à Verrières-le-Buisson. C'est là que Louise mourut en 1969.

Contrairement aux Saint-Exupéry, hobereaux et fonctionnaires sans fortune, les Vilmorin mènent grand train, et Louise est la reine de cette petite cour. Toute jeune encore, elle lit beaucoup, et, en secret, rêve de devenir écrivain. De cette rencontre entre deux êtres si dissemblables (le géant gauche et timide, sans relations, et la petite mondaine, très mature pour son âge, parti fort convoité), va naître un amour improbable, passionnel, du moins de son côté à lui.

Antoine fait ses débuts dans le monde, écrit quelques poèmes, et leur relation devient peu à peu sérieuse. Ils se fiancent, Antoine demande Louise en mariage en 1922. Les jeunes gens écrivent des lettres à quatre mains à Marie de Saint-Exupéry, que Loulou signe « votre petite fille chérie ». Et puis, à l'automne 1923, patatras. Louise tergiverse et Antoine finit par comprendre. Meurtri, il abandonne le projet. Est-ce là le résultat de la guérilla du clan des frères Vilmorin contre ce « pachyderme incertain », comme ils le surnomment, persuadés que leur sœur ferait là une mésalliance, ou de la jalousie de Louise envers ce qu'elle devine être la plus exigeante maîtresse de Saint-Exupéry, l'aviation ? Antoine a commencé à piloter et a déjà subi un accident grave au Bourget, le 1er mai 1923, qui le tient à l'hôpital une dizaine de jours. Sans doute tout cela à la fois. Mais ce qu'il y a d'intéressant, c'est que les deux amis ne se fâcheront jamais, même après le (premier) mariage de Louise, en 1925, avec un riche Américain. Ils continueront d'échanger des lettres tendres et affectueuses, où leurs travaux d'écriture vont vite occuper une place prépondérante. Antoine envoie à Louise des chapitres de ses livres afin d'avoir son retour de critique avisée. De son côté, il l'encourage dans sa propre voie : en 1934, grâce à Malraux (qui fut un temps l'amant de Louise avant de la retrouver bien plus tard, dans les années 1960), son premier roman, *Sainte-Unefois*, est publié à la *NRF* où l'écrivain était directeur artistique. Fin 1929, Antoine avait écrit à Louise : « Ne m'oubliez pas trop. » Elle ne l'oubliera jamais et lui rendra un bel hommage après sa mort dans l'hebdomadaire *Carrefour*, le 26 août 1944.

Après cette première expérience douloureuse, Saint-Exupéry, afin d'assouvir ses besoins sensuels, va papillonner, fréquentant peut-être des prostituées (ce dont témoignerait *Manon, danseuse*, un récit sur ses

« amours vénales » demeuré inédit jusqu'en 2007) et multipliant les relations, même sans lendemain. Y compris après sa rencontre en 1930 avec Consuelo, et leur mariage l'année suivante. Et même durant leur séjour aux États-Unis.

Yvonne, vicomtesse de Lestrange, dite « Pomme », qui deviendra par son mariage duchesse de Trévise, était l'aînée d'Antoine de huit ans. C'était une cousine de sa mère, fortunée, qui tenait un salon littéraire très en vue dans son appartement parisien du 9 quai Malaquais. À son arrivée à Paris, en 1918, elle héberge un temps le jeune homme et se met à l'apprécier. Ils resteront très liés. Tout naturellement, lorsqu'il commence à écrire « sérieusement », en l'occurrence *Manon, danseuse*, elle l'aide à percer dans ce milieu littéraire dont elle est si proche, en particulier de la *NRF*. Elle lui présente, entre autres, Gaston Gallimard et André Gide à qui elle fait lire ses premiers textes. Qu'il ne fera pas publier, attendant sans doute une œuvre plus aboutie. Ce qui sera le cas avec *Courrier Sud*. Yvonne de Lestrange, morte en 1981, est un peu la marraine littéraire de Saint-Exupéry, vers qui il se tournera toujours lorsqu'il aura besoin d'un avis sur son travail, de partager ses réflexions sur tel ou tel sujet, ou tout simplement de lui faire part de ses états d'âme du moment.

Hélène (dite « Nelly ») Jaunez, épouse de Jean de Vogüé, a fait la connaissance d'Antoine de Saint-Exupéry dans le cercle de Louise de Vilmorin, en 1929. Elle avait 21 ans. S'ensuivit une longue et tumultueuse relation où se mêlent l'amour, la jalousie, et la littérature. Nelly s'est vite imposée auprès de son amant comme une présence rassurante, quasi maternelle, mais c'était aussi une maîtresse exigeante, jalouse de Consuelo, et ce jusqu'à la fin. On a retrouvé des lettres de 1943 ou 1944 (les lettres de Saint-Exupéry ne sont presque jamais datées) où il tente de rompre avec elle, lui expliquant qu'il lui préférera toujours sa femme devant Dieu et les hommes. Cependant, il avait profité, durant toutes ces années, de leur relation intime, Nelly l'accompagnant ou le rejoignant, par exemple à New York, en 1938. Elle l'y retrouva aussi, on l'a vu, en 1941. En 1943, elle le rejoignit à Alger. Partout où Consuelo ne se trouvait pas, en quelque sorte ! Le 30 juillet 1944, la veille de sa mort, c'est encore à Nelly qu'il écrivit l'une des deux lettres retrouvées sur son bureau. Et c'est à elle que reviendra le soin de récupérer, après sa disparition, et en plein accord avec sa famille, les manuscrits de l'écrivain, transportés partout dans un cartable devenu fameux, qui ne le quittait jamais. S'y trouvait l'énorme manuscrit du *Caïd*, sur lequel il travaillait depuis des années, que Nelly de Vogüé mettra au net, au point, construira réellement, et dont elle fera *Citadelle*, paru en 1948 chez Gallimard.

C'est un livre inclassable, touffu, foisonnant, où la critique a voulu voir une façon de « testament spirituel » de l'écrivain, souvent rapproché des *Sept piliers de la sagesse*, de T.E. Lawrence, dit « d'Arabie », ainsi que du Zarathoustra de Nietzsche ou des *Nourritures terrestres* de Gide. Mais ce n'est, à l'évidence, pas le texte final que Saint-Exupéry, qui travaillait et retravaillait sans cesse ses manuscrits, coupait, taillait, aurait fini par publier, s'il avait vécu. Parallèlement, sous le pseudonyme de Pierre Chevrier, Nelly est l'auteur du premier essai biographique et critique consacré à l'écrivain, un *Saint-Exupéry* paru en 1949 dans la collection « La Bibliothèque idéale » de Gallimard. On notera aussi qu'en 1941, sous le pseudonyme d'Hélène Froment, elle avait publié, déjà à la *NRF*, un roman intitulé *On ne revient pas*. Sous le caractère de son héros, Bernard Fontaine, elle avait transposé nombre de traits d'Antoine de Saint-Exupéry. C'est d'ailleurs lui qui prend toute la lumière, tandis que Béatrice de Vaucourt se tient en retrait. Comme dans la vraie vie ?

Nelly de Vogüé est morte en 2003. Elle a déposé à la BNF un important ensemble de textes, manuscrits, archives, exigeant qu'ils ne soient accessibles que cinquante ans après sa disparition, soit en 2053. Ne doutons pas qu'y figurent des documents fondamentaux, qui pourraient éclairer, voire corriger tel ou tel aspect de la vie et de l'œuvre de son grand homme. Il va falloir que les chercheurs, biographes et essayistes patientent encore un peu…

Marquises, comtesses, duchesses, voire princesses, le « harem » de Saint-Exupéry paraît tout droit sorti d'*À la recherche du temps perdu*. Non pas que, contrairement aux Vilmorin, l'écrivain-aviateur fût snob. Mais, du fait de ses origines nobles, il appartenait à un certain milieu, où le nom compte plus que la fortune. Et puis, il flirta aussi avec de nombreuses roturières.

De toutes ses relations, la plus titrée était sans conteste Nadejda (dite « Nada ») de Bragance, fille du prince Miguel du Portugal, en exil en Angleterre, et de la richissime américaine Anita Stewart. Ses ancêtres capétiens avaient régné sur le Portugal à partir de 1640, puis sur le Brésil. Elle était « grande, blonde et titrée », écrit la biographe Stacy de La Bruyère dans son *Saint-Exupéry, une vie à contre-courant* (Albin Michel, 1994). Elle était aussi gravement dépressive, finissant par se défenestrer, à Londres, en 1946. « Mes femmes sont *toutes* folles », avait confié Saint-Exupéry, non sans muflerie, à Nelly. Il n'empêche que Nada fut l'une des compagnes de son exil new-yorkais, à qui il livrait, à partir de 1942, son désarroi, sa fatigue.

Autre relation « d'âme à âme », Hedda Sterne, rencontrée en 1941. Elle avait 31 ans, Juive roumaine qui avait fui l'Europe nazie, et était artiste peintre. Elle mènera aux États-Unis une brillante carrière (appartenant au courant dit de « l'expressionnisme abstrait »), et se mariera avec le dessinateur Saul Steinberg, l'une des stars du *New Yorker*. Elle est morte centenaire, en 2011. Avec elle, Saint-Exupéry noue une relation de confiance, ils s'épaulent dans cette période pénible de leurs existences ; lui s'épanche, comme toujours. Mais Hedda se montre également attentive à son travail d'écrivain, notamment à *Citadelle*, le formidable chantier en cours, dont il lui lit des pages et des pages. Elle adore, et le soutient dans son laborieux processus de création. Il lui en saura gré, lui exprimant sa reconnaissance dans ses lettres.

Parmi les relations new-yorkaises de Saint-Exupéry, on remarquera celle, singulière, avec Anne Morrow Lindbergh, femme de Charles, l'aviateur, aviatrice elle-même, et écrivain à succès. En 1939, ils s'étaient rencontrés, et Antoine avait préfacé la traduction française d'un de ses récits autobiographiques, *Le vent se lève*. Née en 1906, morte en 2001, elle formait avec son mari, depuis sa traversée de l'Atlantique nord sans escale sur le *Spirit of St. Louis*, un couple culte, mondialement célèbre. Sulfureux également. Dès avant la guerre, Charles et Anne expriment leur fascination pour Hitler et l'Allemagne nazie. Lorsque le conflit éclatera, ils se refuseront toujours à condamner l'Allemagne, prêchant contre l'entrée en guerre des États-Unis, en vain. Le conflit et son issue les marginaliseront, et ils ne se mêleront plus de politique. Mais cette fréquentation d'Anne n'arrangea pas la réputation de Saint-Exupéry auprès des gaullistes !

D'une tout autre nature furent ses rapports avec Natalie Paley, un personnage exceptionnel, dont la vie est un roman. Née à Paris en 1905, princesse Romanoff, elle était la petite-fille du tsar Alexandre II, la fille du grand-duc Paul Alexandrovitch, fusillé en 1919 par les bolcheviks. Elle était également princesse Paley par sa mère, la comtesse Olga de Hohenfelsen, ainsi titrée en 1915 par le tsar Nicolas II. Issue de ces drames originels, elle mena une existence brillante, mariée en 1927 au couturier Lucien Lelong, qui l'introduisit au sein de la bohème artistique et littéraire, de la jet-set parisienne de l'entre-deux-guerres. Elle devient une icône de la mode, du luxe, et affiche, dans ses amours, une liberté totale, courtisée aussi bien par Paul Morand que par Anna de Noailles. Elle fut aussi la grande passion de Jean Cocteau, qui songeait à l'épouser, et dont on a dit un temps qu'il lui avait fait un enfant. Après 1937, son divorce et son remariage avec un Américain, elle devient vraiment Natalie Paley, fréquente le tout-Hollywood, joue dans quelques films. Elle finira par s'installer à New York, où elle est morte en 1981.

Avec Saint-Exupéry, ce fut un amour bref, mais d'une folle intensité. En témoignent sept lettres qu'il lui a adressées en 1942, retrouvées et publiées en 2007 (*Sept lettres à Natalie Paley*, Gallimard). Fait rare chez lui, il s'y livre à des confidences sensuelles, voire érotiques, sur ce qu'il attend de sa maîtresse : « Si tu viens trop près de mon lit, je t'empoigne à deux bras et je te secoue comme un arbre et t'oblige bien de donner tes fruits… »

Curieux fantasme, et curieuse façon de faire l'amour… L'acmé de leur relation sera atteinte, à distance, lors de la réclusion forcée de Saint-Exupéry à Montréal, au printemps 1942. Angoissé, malade, déprimé, paranoïaque, ses lettres prennent un ton pathétique, irrationnel : « Mon amour ma bien-aimée mon amour je suis si tourmenté si désespéré que je me suis trompé de câble » (télégramme). Ou bien : « Je t'aime sans doute bien trop. Et je souffre de tout mon cœur. Je suis absolument malade de cette attente. » Ou encore : « J'ai besoin de seins où boire l'amour. » Saint-Exupéry l'excessif, qui entretenait simultanément, avec d'autres femmes, d'autres relations, au moins épistolaires et tout aussi passionnées. Sans parler de Consuelo…

Quoique entrée dans la vie de Saint-Exupéry tardivement, en mars 1942, par l'intermédiaire de son traducteur américain Lewis Galantière, Silvia Hamilton y prendra une place importante, en tant qu'amie-amante et confidente. Particulièrement durant l'épisode de Montréal, à l'été 1942, qu'il vit mal, se réfugiant dans de longues lettres plaintives, élégiaques, où il s'épanche, s'apitoie sur tous ses malheurs, moraux, physiques, sentimentaux, ses soucis avec Consuelo, tout en protestant de son amour pour la destinataire de la lettre. C'est à Silvia, l'amie de confiance, qu'il remet ce qu'il a de plus précieux, le manuscrit du *Petit Prince*, et son appareil photo, le jour même de son départ pour l'Afrique du Nord, le 2 avril 1943. « Du premier jour de notre rencontre jusqu'au matin où il vint chez moi me faire ses adieux avant de partir, en convoi, pour Alger, témoignera-t-elle en 1978 (dans la revue *Icare* n°84), nous avons passé tous les jours un moment ensemble. » Elle fait même une escapade d'une journée à Montréal, pour le voir, laquelle se termine en fiasco : Consuelo est là, qui veille… « Comment auriez-vous deviné que rien ni personne ne me retient à New York, que j'avais un désir fou de vous voir, lui écrira-t-elle. Malheureusement, je n'ai jamais pensé que vous étiez là-bas avec Madame votre femme… »

Silvia Hamilton était une intellectuelle, née à New York en 1912. Après avoir travaillé dans la mode, elle fut journaliste à l'université de Columbia. Mariée une première fois en 1931 avec l'avocat Samuel Shapiro, elle se remariera en 1944 avec Gottfried Reinhardt, fils du cinéaste Max. Le couple s'installe à Los Angeles. Silvia est morte en 1994.

Et puis, il y a Consuelo, sa femme, rencontrée en 1930 à Buenos Aires grâce à l'ami Benjamin Crémieux, demandée en mariage en plein vol, et épousée en 1931 en France. Elle était née Consuelo Suncin-Sandoval en 1901 ou 1902 (selon les sources), au Salvador, dans une famille de riches propriétaires terriens. Plus tard, elle aura la nationalité argentine. En 1922, elle se marie une première fois avec un officier mexicain, Ricardo Cardenas, mais divorce au bout d'un an. Puis, en 1926, menant ses études artistiques à Paris (elle sera peintre, sculpteur, écrivain), elle rencontre l'écrivain guatémaltèque, journaliste et consul d'Argentine, Enrique Gómez Carrillo, qu'elle épouse en 1926. Carrillo meurt en 1927, lui laissant en héritage un appartement parisien, un à Nice, et une villa à Grasse. Consuelo mène grand train, d'où les difficultés financières ultérieures du couple, qui n'arrangeront pas leurs rapports. Dès le début, son entrée dans la famille de son mari est bien accueillie par la mère, Marie, laquelle se rend même à Buenos Aires en janvier 1931 pour la rencontrer. L'accueil est nettement plus frais, en revanche, de la part des sœurs d'Antoine, Simone surtout, et, dans une moindre mesure, Gabrielle, mariée à Pierre d'Agay. C'est à Agay, dans le château familial[1], qu'est célébré le mariage religieux d'Antoine et Consuelo, le 23 avril 1931. Le mariage civil à la mairie de Nice avait eu lieu la veille. « Consuelo était jolie, exubérante, extravagante, elle nous éblouissait, se souvient

1. Ce château fut détruit par les Allemands le 11 novembre 1943. Comme le raconte François d'Agay, né en 1925, l'un des fils de Gabrielle, neveu de l'écrivain : « C'était la seule vraie maison de Saint-Exupéry, après que sa mère [aura] vendu Saint-Maurice de Rémens, en 1932. »

François d'Agay lors d'une de nos conversations. Son accent nous faisait rire, nous, les jeunes. Ce sont plutôt les "vieux" de la famille qui se sont montrés hostiles envers elle. Mais jamais ma grand-mère Marie qui l'a toujours défendue.[1] » Ainsi, quand, après la mort de Saint-Exupéry, lequel n'avait rédigé aucun testament, se posera le problème de son héritage matériel (des droits d'auteur considérables, dans le monde entier), Marie négociera avec Consuelo, plutôt qu'un procès qui aurait fait tache, un *gentlewomen agreement*, obtenu non sans peine.

Très vite, à la fois à cause du métier d'aviateur de Saint-Exupéry, et du caractère des deux époux, le couple mène une vie distendue, voire séparée. À Paris, par exemple, au 15 place Vauban, face à Saint-Louis des Invalides, dès 1936, chacun a son étage et sa ligne téléphonique personnelle. Plus tard, en 1938, c'est la séparation : Antoine s'installe rue Michel-Ange. En 1939, il louera pour Consuelo une propriété dans la forêt de Sénart, La Feuilleraie. On a vu que Consuelo n'avait rejoint son mari à New York qu'en décembre 1941. Impossible de savoir, s'il avait vécu, comment leur relation aurait évolué, le divorce n'entrant pas dans son éducation, ni dans ses idées, assez traditionalistes sur ce point.

L'histoire de Consuelo et de son « Tonio » a été amplement commentée, mais personne ne connaîtra jamais l'exacte vérité. Bien sûr, Consuelo fut le grand amour de sa vie, sa « Rose », dont, comme

1. Voir Jean-Claude Perrier, *Les Mystères de Saint-Exupéry*, *op. cit.*

le Petit Prince, il se sentait « responsable » et à qui il a écrit des centaines de lettres enflammées. Mais elle l'exaspérait, et ils étaient aussi invivables l'un que l'autre au quotidien, sans compter leurs infidélités réciproques. Un temps, le rôle de Consuelo a été minoré dans les premières biographies de Saint-Exupéry, notamment celle de Pierre Chevrier, *alias* Nelly de Vogüé, pour des raisons très personnelles, on l'a dit. Les rapports entre la veuve et la famille de son époux disparu, qu'elle lutta pour faire reconnaître officiellement « mort pour la France » en 1948, ne furent pas aisés non plus. Dans ses écrits[1], elle a tendance à tirer la couverture à elle : muse, inspiratrice, modèle, voire co-inventrice, co-auteur... Ses biographes lui ont emboîté le pas, dans une version romantique, fusionnelle de leur couple. La réalité se situe sans doute, comme toujours lorsqu'il y a du passionnel, entre les deux. Sans conteste, Consuelo joua un rôle fondamental auprès de son époux, mais partiel : il avait eu une vie avant elle. Et non exclusif : toutes ses autres relations féminines le prouvent à l'envi.

Consuelo est morte à Grasse, en 1979. Elle a été enterrée au Père-Lachaise, à Paris, aux côtés de son deuxième mari, Enrique Gómez Carrillo.

Il y eut – on le sait même si on ne les connaît pas toutes – d'autres rencontres, d'autres aventures sans lendemain, d'autres amours éphémères, d'autres femmes

1. Consuelo de Saint-Exupéry, *Mémoires de la rose*, Paris, Plon, 2000.

de hasard, à qui Saint-Exupéry a écrit des lettres, parfois ornées de dessins, à qui il a lu ses textes, voire offert des manuscrits. Il était coutumier du fait. Ces trésors dorment encore quelque part, dans des malles, dans des archives, méconnus ou jalousement conservés. Mais quelquefois, survient un miracle, une de ces petites amoureuses réapparaît, et c'est à chaque fois une pièce d'un gigantesque puzzle qui se met en place.

Ainsi, fin 2007, furent mises en vente chez Sotheby's neuf lettres, dont sept illustrées, écrites entre le printemps 1943 et le printemps 1944, non datées, à une femme rencontrée par hasard dans un train entre Oran et Alger, lorsque l'écrivain-aviateur s'entraînait avant de rejoindre le groupe 2/33. La destinataire, dont on a préservé l'anonymat, était une jeune ambulancière de la Croix-Rouge de 23 ans, mariée à un officier. Tonio s'éprend d'elle instantanément. Et, si l'on ose dire familièrement, il se « fait un film » de cette relation, en utilisant, avec un humour plutôt mélancolique, plaintif, voire désespéré, le Petit Prince comme son double, son porte-parole. Au début, il s'agit de simples téléphonages, et l'on se voussoie. « Pardon de vous déranger… c'était seulement pour dire bonjour ! » Mais viennent vite les reproches : « Elle n'est jamais là, quand on l'appelle… », « C'est triste… On ne pense pas à me téléphoner… » La rupture menace : « J'écris à une amie qui m'a tout à fait oublié… » « Dépêchez-vous de me téléphoner si vous ne voulez pas que je sois tout à fait infidèle… » Il envoie une soi-disant dernière lettre, ironique, bouleversante : « Il n'y a pas de Petit Prince aujourd'hui, ni jamais. Le Petit Prince est mort. Ou bien il est devenu tout à fait sceptique. Un Petit Prince sceptique n'est plus un Petit Prince. Je vous en veux de l'avoir abîmé. » L'écrivain admet à demi que, dans sa détresse affective, sa solitude, il a tout inventé de cette histoire : « Mais si ça me plaît, à moi, d'oublier son oubli et de m'inventer un souvenir ? » La vraie dernière et neuvième lettre, elle, s'achève sur une note moins désespérée. Il semble qu'ils se soient parlé : « Tu es un chic petit gars. [...] tu peux me revoir. Je suis ton ami. » Quelques semaines après, l'aviateur partira au combat, et disparaîtra le 31 juillet 1944. Cette inconnue aura sans doute été son tout dernier amour. Les lettres, avec leurs dessins magnifiques, conservées par sa famille durant plus d'un demi-siècle, ont été publiées en fac-similé[1]. On aimerait bien connaître les autres inconnues qui croisèrent, même fugacement, la route d'Antoine de Saint-Exupéry.

1. *Lettres à l'inconnue*, *op. cit.*

4

Un graphomane tourmenté

Antoine de Saint-Exupéry a toujours écrit et dessiné. Il a écrit comme il a vécu, sans compter, dans l'urgence et les tourments. Il découvre l'aviation dès l'enfance, et reçoit en 1912, en vacances chez lui, dans l'Ain, son baptême de l'air sur l'aérodrome d'Ambérieu. Il a douze ans, ce sera l'autre grande passion de sa vie. Les deux sont intimement liées. « Seul, l'auteur de *Vol de nuit* et le porteur de courrier aérien au-dessus des déserts, de jungles et de pampas était à la fois entièrement écrivain et entièrement pilote[1] », témoignera joliment Joseph Kessel, qui fut de ses amis.

Son premier poème conservé, un fragment, remonte à 1912. Et il traite de son « expérience » d'aviateur en herbe : « Les ailes frémissaient sous le souffle du soir / Le moteur de son chant berçait l'âme endormie / Le soleil nous frôlait de sa couleur pâlie...[2] » D'autres

1. Joseph Kessel, *Saint-Ex*, Paris, éditions Dynamo, Pierre Aelberts éditeur, collection « Brimborions », n°137, 1965.

2. Reproduit dans Saint-Exupéry, *Œuvres complètes*, tome I, Paris, Gallimard, « Bibliothèque de la Pléiade », 1994.

poèmes suivront, de circonstance, dictés par la guerre de 1914-1918, ou bien influencés par ses lectures : le Parnasse, Verlaine, Rimbaud, ou encore Baudelaire, qu'il vénérait au point de lui consacrer plus tard une *Note*, quelque peu énigmatique : « Baudelaire : rédemption [...]. Baudelaire : la tache indélébile du mal ». En 1917, il offre à son camarade Jean Grisez, compagnon de pensionnat marianiste à la villa Saint-Jean de Fribourg, en Suisse, un sonnet mélancolique et sombre, demeuré inédit jusqu'en 2009[1], qui s'achève ainsi : « Et nous sommes ainsi quand, n'ayant plus d'amour, / L'orage étant passé, rien chez nous ne frissonne, / Que réclamant ce qui nous fit pourtant souffrir / Notre cœur est muet, vide, triste à mourir / Ô mon ami... comme un paysage d'automne ! » Fruit des angoisses de son adolescence, certes, mais le poète de 17 ans fait preuve d'une belle virtuosité, et dévoile cette âme tourmentée qui fut toujours la sienne. Saint-Exupéry ne cessera pas d'écrire des poèmes lorsqu'il sera « sérieusement » passé à la prose, au milieu des années 1920, en témoignent des textes souvent offerts à des proches. Ainsi le très élégiaque et lamartinien « À une amie », écrit pour Louise de Vilmorin, Loulou, en 1921, durant son service militaire, à Casablanca : « Pourtant quand l'ombre traîne aux confins bleus du jour / Qu'un soir de plus en vain j'ai tendu mes bras vides, / La tête dans ces mains que

1. Le texte m'avait été aimablement communiqué par Yves Grisez, le fils de Jean, et je l'ai publié dans *Les Mystères de Saint-Exupéry*, *op. cit.*

vont marquer des rides / Je me souviens de toi comme d'un grand amour...[1] »

Abondante si l'on considère la brièveté de son parcours terrestre – quarante-quatre ans tout juste –, et plus encore sa carrière d'écrivain publié (dix-huit ans), l'œuvre de Saint-Exupéry peut se répartir en trois périodes : de ses débuts à son départ pour les États-Unis, avec ses premiers grands succès ; l'exil américain, très productif ; et enfin les textes posthumes, dont l'un, *Citadelle*, majeur.

Au milieu des années 1920, Saint-Exupéry, qui porte longuement en lui ses projets, les travaille et retravaille abondamment, les teste auprès de lecteurs (et lectrices) amis avisés, envisage la publication de deux d'entre eux. Deux nouvelles, ou *novellas*. Lui dit « contes ». *Manon, danseuse*, que son ami l'écrivain et critique Jean Prévost avait annoncé dans *Europe* à l'été 1926 (mais sans précision de titre). Le texte avait également circulé du côté de la *NRF* et de Gaston Gallimard, où une publication semble avoir été un temps envisagée dans un recueil. Mais ni la revue de qualité fondée par Romain Rolland en 1923, ni la déjà prestigieuse maison d'édition ne donnèrent suite. Saint-Exupéry en fut assez mortifié, au point de solliciter de son amie et parente Yvonne de Lestrange (Pomme) de passer le manuscrit de *Manon, danseuse* à Gide, le maître, co-fondateur de la *NRF* et éditeur tout-puissant chez Gallimard, *the*

1. Manuscrit déposé aux Archives nationales, fonds Simone de Saint-Exupéry, texte publié dans *Œuvres complètes*, I, *op.cit.*

place to be. Là encore, sans succès. Ce qui ne veut pas dire que l'on ne s'intéressait pas à lui, la suite le prouvera à l'envi. La nouvelle, finalement publiée en 2007, avait dû être jugée mineure, inaboutie, ce qui n'est pas faux.

Une autre, en revanche, a eu plus de chance, et constitue le premier texte publié de Saint-Exupéry. Il s'agit de *L'Aviateur*, paru le 1er avril 1926 dans le dernier numéro de la revue littéraire *Le Navire d'argent*, fondée par la libraire Adrienne Monnier, dont Jean Prévost – encore lui – était secrétaire de rédaction. Il s'agit d'un fragment d'un ensemble perdu qui s'intitulait à l'origine *L'Évasion de Jacques Bernis*. Il raconte l'histoire d'un pilote civil instructeur dans l'aviation militaire. Saint-Exupéry y décrit de façon très réaliste, vécue, ses expériences de vol. Notamment dans la première scène, très cinématographique, proche de la technique narrative du Malraux de *L'Espoir*, où l'on ne peut s'empêcher de voir quelque chose de sinistrement prémonitoire : « Il se penche : "Adieu mes amis…" Pour cet adieu dans l'aube, ils traînent des ombres immenses. Mais au seuil de ce bond de plus de trois mille kilomètres, le pilote est déjà loin d'eux…[1] »

On retrouvera Jacques Bernis dans son premier roman, *Courrier Sud*, auquel Saint-Exupéry s'était mis à travailler dans la foulée, dès la fin de 1927, lorsqu'il était chef de l'aéroplace de l'Aéropostale, à Cap Juby, dans le Sahara, et qu'il achèvera un an plus tard, fin 1928.

---

1. Texte republié en volume avec l'inédit *Manon, danseuse*, *op. cit.*

Dans une brève présentation de *L'Aviateur* pour *Le Navire d'argent*, Prévost avait écrit : « Cet art direct et ce don de vérité me semblent surprenants chez un débutant. Je crois que Saint-Exupéry prépare d'autres récits. » Bien vu.

Au début de 1929, Saint-Exupéry rentre de Cap Juby avec, dans ses bagages, le manuscrit original de *Courrier Sud*, qu'il offrira à Louise de Vilmorin. « Un truc assez idiot », de 171 pages, écrit-il à Yvonne de Lestrange. Laquelle transmet le texte à Gide. Enthousiaste, il le passe à son tour à Jean Paulhan, afin d'en prépublier des extraits dans la *NRF* qu'il dirige. Ce sera chose faite en mai 1929, dans le n°188 de la revue. Le jeune auteur est présenté à Gaston Gallimard, qui lui signe un contrat pour sept romans, le 20 février. Une préface est demandée au critique Ramon Fernandez, mais elle déplaît à Saint-Exupéry, qui la fait retirer. Du coup, c'est le romancier André Beucler, ami de la maison, qui s'y colle. Il insiste beaucoup plus sur la personnalité de l'aviateur que sur les qualités de l'écrivain, tendance que Gide avait pressentie : « Il sera facile de chauffer le public, avait-il écrit à Paulhan, en raison du caractère héroïque de l'auteur. » Il persévérera dans cette opinion, laquelle s'est avérée par la suite tout à fait pertinente, y compris en termes de marketing, si l'on ose cet anachronisme.

Le public se montre sensible à cette histoire en partie autobiographique, dont le héros, Jacques Bernis, pilote chez Latécoère, transporte le courrier de Toulouse à Dakar, *via* Casablanca. C'est un grand gaillard mal dans sa peau, heureux seulement aux commandes de son avion. Il fait un jour la connaissance de Geneviève, une femme mariée. Un amour aussi passionnel qu'impossible, donc, qui le fera souffrir. Mais à la fin, il se sacrifie, et « rend » Geneviève à son époux. Comme dans *L'Aviateur*, sa matrice première, la narration de *Courrier Sud* est nerveuse, sans gras. Les scènes s'enchaînent, de façon très visuelle, presque cinématographique. Les dialogues sont brefs, allant à l'essentiel, les descriptions, peu nombreuses, et souvent poétiques. Rien d'étonnant à ce qu'une adaptation cinématographique en ait été tirée, par Pierre Billon, en 1936, avec Pierre Richard-Willm dans le rôle principal.

Du côté de la critique littéraire, le fidèle Jean Prévost se montra enthousiaste dans la *NRF*, tandis qu'Edmond Jaloux, ponte de l'époque, était plus tiède dans *Les Nouvelles littéraires*. Mais pour Saint-Exupéry, une étape capitale était franchie. À moins de trente ans, il était devenu écrivain, publié chez Gallimard, représentant avec Malraux, puis Camus (né en 1913), ou Sartre (né en 1905), d'une nouvelle génération de romanciers « engagés », acteurs de leur destin, et le prenant comme « matière de [leur] œuvre », comme disait Montaigne. Gide, leur aîné, qui avait été le précurseur de cette tendance, ne pouvait que s'enthousiasmer et favoriser leur émergence. Il se montrera toujours amical et fidèle envers Saint-Exupéry, homme et œuvre. « Ce qui manque le plus à notre littérature d'aujourd'hui, c'est l'héroïsme », notera-t-il dans son *Journal* le

31 mars 1931[1], après avoir revu son « Tonio » de retour d'un an en Argentine, avec dans ses bagages, « un nouveau livre et une fiancée ». La fiancée, nous la connaissons, c'est Consuelo, bientôt épousée. Le nouveau livre, ce sera *Vol de nuit*. Et Gide de poursuivre : « Lu l'un, vu l'autre. L'ai beaucoup félicité ; mais du livre surtout. »

Gide, dans le même passage de son *Journal*, au 31 mars 1931, raconte que, lors de ses retrouvailles avec « Tonio » de Saint-Exupéry, à Agay, où il séjournait avec Pomme, celui-ci leur avait raconté l'épopée de son camarade Guillaumet, dans les Andes, la façon dont il avait survécu à un crash, l'émotion qu'avait suscitée la nouvelle de son sauvetage. Passionné, l'ami conclut, en éditeur exigeant : « Tout cela c'est ce que Tonio doit raconter. Je demande à revoir son récit, que je ne lui pardonnerais pas de gâcher[2]. » Apparemment, le résultat s'est montré à la hauteur de ses espérances, puisque, spontanément, selon Yvonne de Lestrange, Gide se propose de le préfacer. *Vol de nuit* paraît donc le 19 septembre 1931, avec sa préface, marque d'adoubement du jeune écrivain par un maître confirmé, de surcroît éminence grise de la *NRF*.

Dès le début de son texte, Gide exprime sa fascination pour le monde des pionniers de l'aviation, à travers la figure de Rivière, le héros de Saint-Exupéry. Il délivre sa première louange : « *Vol de nuit*, qui nous

1. André Gide, *Journal 1889-1939*, Paris, Gallimard, « Bibliothèque de la Pléiade », 1951.
2. *Ibid.*

peint la tragique aventure d'un de ces pionniers de l'air, prend tout naturellement un ton d'épopée. » Puis, il compare *Courrier Sud*, avec son intrigue sentimentale qui « rapprochait de nous le héros », à *Vol de nuit*, dont le héros « tend à une vertu surhumaine ». C'est pourquoi il préfère ce second récit, pour sa « noblesse », et le sens du devoir de Rivière, lequel ne signifie pas pour autant son absence de sensibilité. Il se livre ensuite à un éloge de cet « héroïsme » qu'il se plaît à retrouver en littérature, *a fortiori* lorsque celle-ci est inspirée de personnages et de faits réels. Vertu qu'il retrouvera par exemple dans *L'Espoir* de Malraux (1936). « Tout ce que Saint-Exupéry raconte, il en parle en connaissance de cause, écrit Gide, avant de conclure : Ce récit, dont j'admire aussi bien la valeur littéraire, a d'autre part la valeur d'un document, et ces deux qualités, si inespérément unies, donnent à *Vol de nuit* son exceptionnelle importance ». Éloge, bien sûr, d'un texte qu'il a fait publier, mais également pages d'une belle intelligence critique. Gide définit ici sa conception, très en avance sur son époque, d'une littérature de qualité, moderne, « engagée », qui porte témoignage, ouvrant ainsi la porte à toute la « *narrative non-fiction* » contemporaine.

Le récit est centré autour du personnage de Rivière, chef d'une compagnie aéropostale en Argentine, pour qui sa mission, son devoir – acheminer à tout prix le courrier confié –, passe avant tout, y compris ses pilotes à qui il impose de voler de nuit, pour des raisons de coût, et au péril de leurs vies. Un sacrifice connu et consenti, de part et d'autre. Ce sera le cas de Fabien, qui ne reviendra pas d'un périple Patagonie-Buenos Aires, et à la femme de qui Rivière n'osera pas annoncer la mort de son mari. Héroïque, sévère, pudique, taiseux, mais pas insensible.

Apparemment, Gide avait raison, concernant « l'exceptionnelle importance » de *Vol de nuit*. La critique s'avère positive. Et le roman obtient, le 4 décembre 1931, le prix Femina. Dans un projet de lettre de remerciement au jury – entièrement féminin depuis sa création, en 1904, par des journalistes du magazine *La Vie heureuse* – retrouvé il y a quelques années[1], Saint-Exupéry se dit « aussi surpris que touché de voir [son] livre aussi bien couronné par des femmes », lesquelles lui « semblent presque étrangères » à son histoire, à cet univers quasi exclusivement masculin qui est le sien, avec ces valeurs « viriles » qui ont impressionné Gide.

Vol de nuit remporte un grand succès de librairie en France, ainsi qu'à l'international, il est tout de suite traduit en anglais et en allemand. Il est adapté au cinéma dès 1933 pour la Metro-Goldwyn-Mayer, dans un film réalisé par Clarence Brown, *Night Flight*, avec John Barrymore, Clark Gable et Robert Montgomery. C'est l'un des titres phares de l'œuvre de Saint-Exupéry, devenu un classique, prescrit dans les lycées.

Saint-Exupéry a réussi son pari : *Vol de nuit* a transformé l'essai de *Courrier Sud*, l'aviateur est devenu un écrivain salué par ses pairs, connu et reconnu, y compris

1. Antoine de Saint-Exupéry, brouillon de lettre de remerciement au jury du prix Femina, mis en vente chez Artcurial le 9 mai 2011, et adjugé à 8 926 euros.

aux États-Unis où il sera très tôt publié. Un espoir de la jeune littérature française, version *NRF*. Quelle belle revanche sur tous ceux qui l'avaient méprisé, comme les frères de Loulou de Vilmorin, ne prenant pas au sérieux le jeune « Pique-la-lune » (son surnom enfant), sans fortune, sans grâce, touche-à-tout sans avenir apparent ! On pourrait donc penser qu'il allait désormais se consacrer à son œuvre, et enchaîner les livres, conformément à son contrat avec son éditeur. Que nenni ! Gaston Gallimard ne verra jamais les sept romans qu'il a signés… Il faudra attendre le 16 février 1939 pour que paraisse le nouveau Saint-Exupéry, *Terre des hommes*. Parce qu'avant d'écrire, et pour écrire, Tonio avait besoin de vivre, d'accumuler des expériences, y compris douloureuses. C'est ce qu'il va faire, durant ces années 1930 hyperactives, tumultueuses, passionnantes, décisives, où il risque sa vie à plusieurs reprises.

Qu'a-t-il donc fait toutes ces années ? Il a vécu intensément, aimé des femmes, Consuelo en premier lieu. Ils se sont disputés, puis se sont séparés provisoirement, en 1938. Tirant toujours le diable par la queue, il a été obligé de reprendre du service. Il a piloté, enchaînant les pannes, les atterrissages en catastrophe, et les accidents : dans la nuit du 29 au 30 décembre 1935, il s'écrase dans le désert de Libye avec André Prévot. Les deux hommes sont sauvés par une caravane, avant de se crasher à nouveau au Guatemala, le 16 février 1938. Gravement touché, tombé dans le coma, Saint-Exupéry sera soigné aux États-Unis, et s'en sortira, mais conservera toute sa vie des séquelles et des douleurs. Comme son confrère Kessel, il a écrit des articles, notamment dans *Marianne*, le magazine créé par Gaston Gallimard en 1932, ou dans *Air France Revue*, qu'il réutilisera ensuite, effectué de nombreux reportages pour des journaux, *L'Intransigeant* ou *Paris-Presse* : sur la guerre d'Espagne, sur Mermoz, disparu en mer le 7 décembre 1936... Il a travaillé à de nombreux brevets d'inventions destinées à améliorer la sécurité des aéroplanes, l'un d'entre eux pour un appareil indicateur trigonométrique, et les a déposés.

Saint-Exupéry a également ébauché quelques scénarios pour le cinéma et s'est beaucoup impliqué dans l'adaptation à l'écran de *Courrier Sud*. Il se rend même sur le tournage au Maroc, en octobre 1936. Il a commencé à dessiner des Petit Prince, dès les années 1930. Nous y reviendrons. Il a entrepris *Citadelle*, en 1937. Nous y reviendrons également. Et, en 1938, il s'est attelé sérieusement à un nouveau livre, *Étoiles par grand vent*, qui deviendra, sur épreuves, *Terre des hommes*.

Le livre paraît chez Gallimard le 16 février 1939. Le 14 décembre, il reçoit le Grand prix du roman de l'Académie française et devient le deuxième livre culte de Saint-Exupéry. Bien différent de ses deux précédents, ce n'est pas un « roman », ni même un récit unique, mais un recueil d'articles, d'essais et de récits, certains déjà parus dans la presse ou en revues, retravaillés, organisé autour d'un épisode central : son crash dans le Sahara libyen en 1935 avec Prévot, et leur sauvetage miraculeux par des Bédouins. C'est l'occasion pour l'écrivain, par-delà le factuel, d'exprimer un certain nombre de réflexions métaphysiques, sur la vie et ce qu'elle doit être, la mort, l'amitié, la fraternité entre les êtres, si dissemblables et si opposés soient-ils. Le livre d'un humaniste, dont la tentation « philosophique » sera reprise et amplifiée dans ce qui deviendra *Citadelle*.

Avec *Terre des hommes* s'achève en apothéose la « trilogie française » de l'œuvre de Saint-Exupéry. La guerre, déclarée le 3 septembre 1939 à l'Allemagne par la France et la Grande-Bretagne, vient tout bousculer. Et c'est assez naturellement qu'après la débâcle, la capitulation, l'armistice, l'Occupation, l'instauration du régime de Vichy, et sa démobilisation, l'idée de l'exil s'impose. Saint-Exupéry opte pour New York, comme tant d'autres Français. Non point Londres, il n'en a jamais été question.

Aux États-Unis, en dépit de sa santé préoccupante, de graves difficultés dans son couple, d'un état psychologique extrêmement délabré, déprimé en raison de la situation en France et des intrigues politiques qui se nouent autour de lui, il va beaucoup travailler, écrire pour ne pas sombrer, et publier encore trois livres, dont l'un lui apportera, définitivement, l'immortalité.

Dès la mi-août 1941, Saint-Exupéry s'attelle à la rédaction de *Pilote de guerre*, attendu avec impatience par ses éditeurs américains. On sait que, ce même mois, il en a donné des pages à lire à Jean Renoir. Traduit en anglais sous le titre *Flight to Arras*, le texte est prépublié dans la revue mensuelle *The Atlantic Monthly*, en quatre livraisons à partir de janvier 1942. Le volume, lui, paraît simultanément en français et en anglais, en février 1942. L'écrivain a travaillé vite, d'autant qu'il mène de front d'autres chantiers. Ce récit autobiographique, proche de ses deux premiers livres, s'inspire des missions que l'aviateur a effectuées dans le ciel du nord de la France, sur son appareil Bloch MB.174, les 23 mai et 6 juin 1940. Sa tâche était de photographier la situation au sol, c'est-à-dire la débâcle. Service inutile, et très risqué pour les aviateurs. Mais il démontre ainsi que, en dépit de l'impréparation de l'état-major et de l'incurie du pouvoir politique, l'aviation française, servie par des pilotes héroïques, a résisté jusqu'à l'armistice du 16 juin 1940. Comme à son habitude, Saint-Exupéry mêle des souvenirs personnels, comme celui de son frère François, mort de maladie en 1917, à des réflexions plus générales, toujours empreintes d'humanisme, notamment sur la responsabilité de chaque être humain vis-à-vis de tous les autres.

Inutile de dire que le propos n'a guère plu au gouvernement de Pétain. Étant donné la notoriété de son auteur, ainsi que les tentations de certains vichystes de le rallier à leur camp, en vain – Saint-Exupéry a refusé toute collaboration et compromission, en patriote intransigeant, brûlant de repartir combattre, voire mourir, pour son pays –, une édition de *Pilote de guerre*, sortie chez Gallimard le 27 novembre 1942, est d'abord autorisée en France, limitée à 2 100 exemplaires. Mais après le débarquement allié en Afrique du Nord et le sabordage de la flotte française à Toulon, les Allemands durcissent leurs positions : la zone libre, ou « non-o », est occupée le 11 novembre 1942. Finalement, la *Propaganda Abteilung* ordonne, le 8 décembre, de concert avec Vichy, la cessation de la commercialisation de *Pilote de guerre*, décision notifiée à Gallimard le 12. Le livre sera également interdit en Algérie par de Gaulle, début 1943. Ce qui ne manquera pas de conforter l'écrivain dans son anti-gaullisme. Durant toute la guerre, des éditions clandestines du récit de Saint-Exupéry circuleront néanmoins sous le manteau, conférant ainsi au livre le statut d'œuvre de résistance.

Le second opus majeur de Saint-Exupéry, écrit et publié durant son exil aux États-Unis, c'est *Le Petit Prince*. Il l'a rédigé durant l'été 1942, répondant aux amicales sollicitations de son agent Maximilian Becker et de son traducteur Lewis Galantière. Le manuscrit définitif a été remis à ses éditeurs, Reynal & Hitchcock, le 12 novembre de la même année. Le livre sera publié par leurs soins, d'abord en anglais, le 6 avril 1943, et quelques jours plus tard en français, alors que l'auteur était déjà en route pour l'Algérie. Mais des exemplaires avaient été imprimés avant, dédicacés à des amis, ce qui prouve que Saint-Exupéry a vu son livre avant de partir. Sa première publication en France, chez Gallimard, n'interviendra qu'en 1946. L'ouvrage se présente comme un « conte pour enfants », dédié à Léon Werth, « le meilleur ami que j'ai au monde », mais « quand il était petit garçon ». Né en 1878 dans les Vosges, dans une famille juive française « assimilée » depuis des générations, Werth est un écrivain protéiforme, que Saint-Exupéry avait connu en 1931. Durant la guerre, contraint à la clandestinité, il se fera gaulliste. Ils ont abondamment correspondu. C'est lui, l'ami à qui s'adresse la *Lettre à un otage*, qui paraîtra en juin 1943 chez Brentano's, à New York toujours.

On a longtemps cru que le personnage du « petit bonhomme » blond comme les blés avait été inventé pour l'occasion et donc *born in the USA*. C'est mal connaître le processus créatif de Saint-Exupéry, souvent long, et sa tendance à « remployer » des éléments. Grâce à divers témoignages et à des dessins conservés, on sait qu'il inventait des Petits Princes dès les années 1930, ici ou là. Ensuite, il y a cette histoire rocambolesque, que l'on aimerait bien croire authentique : l'imprimeur-éditeur Mame, de Tours, qui avait rencontré Saint-Exupéry en 1939 grâce à Nelly de Vogüé, a raconté : « Il était en train d'écrire une histoire pour les enfants, qui devait renouveler sa plume. Nous avons été d'accord avec Gaston Gallimard et Jean Paulhan pour publier ce livre exceptionnellement chez Mame. Il s'agissait du *Petit Prince*. Malheureusement, le bombardement de Tours, en 1940, devait en décider autrement et annuler ce projet, comme tant d'autres[1]. » Cela voudrait donc dire que Saint-Exupéry aurait écrit, avant la guerre, une première version de son conte (illustrée ou non ?), laquelle, achevée, aurait été confiée à Mame, pour publication. Et que tout aurait été détruit par les Allemands. Pas impossible dans l'absolu, mais il est difficile de croire que l'on n'ait retrouvé ni esquisses ni ébauches ni brouillons, et qu'aucune allusion au projet ne figure dans les différentes correspondances de

1. Témoignage repris dans Alban Cerisier, *Il était une fois... Le Petit Prince*, Paris, Gallimard, coll. « Folio », 2006. Il provient du catalogue Mame, *Angers-Paris-Tours, Deux siècles du livre*, édité par l'Institut de l'édition contemporaine/Association Hôtel Mame centre culturel, en 1989.

l'écrivain. La solution de l'énigme réside peut-être dans les fameuses archives de Nelly de Vogüé, sous embargo à la BNF pour longtemps encore, on l'a vu.

Le Petit Prince est un livre exceptionnel, à tous points de vue. D'abord grâce à ses illustrations à l'aquarelle, œuvres de Saint-Exupéry lui-même, qui instaurent avec le texte un dialogue saisissant. À l'origine, l'écrivain avait pensé confier ce travail à son ami le peintre Bernard Lamotte, lequel avait déjà illustré *Flight to Arras*, version américaine de *Pilote de guerre*, en 1942. Il s'est heureusement ravisé.

Ensuite, parce que sa gloire première provient d'un malentendu, voulu et entretenu par un Tonio facétieux. S'il peut être lu à tout âge, y compris par les enfants, même si le ton se veut léger, plaisant, voire farfelu, *Le Petit Prince* n'est pas une bluette. À partir d'un épisode vécu par le pilote, une panne d'une semaine dans le désert, l'écrivain a inventé un véritable conte philosophique, à la tonalité globalement sombre. La planète du Petit Prince, l'astéroïde B 612, est fragile, menacée aussi bien par ses volcans qui, si on ne les ramone pas régulièrement, peuvent exploser, et par les pousses de baobab qui, si on ne les arrache pas, peuvent l'étouffer. Il y a aussi cette rose, belle et capricieuse, que le blondinet aime et qui le fait souffrir car il ne sait pas comment l'aimer. Et puis cette solitude, qui le conduit à se lancer dans l'espace, à explorer d'autres planètes, afin de rencontrer des gens, de se faire des amis. Hélas, ni le roi, ni le businessman, ni le vaniteux, ni le buveur ne le séduisent. Peut-être l'allumeur de réverbère, mais

Saint-Exupéry à son arrivée
à New York sur le *Siboney*
le 31 décembre 1940.

Registration Number 7589570

EN REGISTRATION RECEIPT CARD

ANTOINE De SAINT EXUPERY
240 Central Park South
New York, New York

THIS CARD. Keep a record of the number.

UNITED STATES DEPARTMENT OF JUSTICE
IMMIGRATION AND NATURALIZATION SERVICE
ALIEN REGISTRATION DIVISION
WASHINGTON, D. C.

To the Registrant:
Your registration under the Alien Registration Act, 1940, has been received and given the number shown above your name. This card is your receipt, and is evidence only of such registration. In writing to the Department of Justice about yourself, always give the number on this card.

Director of Registration.

This Alien Registration Receipt Card should be sent to the Alien Registration Division, Department of Justice, Washington, D. C., (1) if it is found; or (2) if the person named hereon departs from the United States, or becomes naturalized, or dies.

RIGHT INDEX FINGER

(SIGNATURE OF REGISTRANT, OR PERSON REGISTERING THE ALIEN)

ADDRESS REPO

The Alien Registration Act
to report each change of add
Other aliens, for example: Vi
mitted for permanent residen
their address every 3 months
or not. Prepared forms for
may be obtained at any pos
prisonment is provided by l
reports. Address letters an
Division, Department of J
When reporting, give

Carte de résident étranger d'Antoine de Saint-Exupéry aux États-Unis.

Saint-Exupéry devant la skyline de New York en 1942. Photographie illustrant un article paru dans la *New York Herald Tribune Book Review*, le 10 octobre 1950, au moment de la sortie de *The Wisdom of the Sands* (*Citadelle*). © D. R. / Helen K. Taylor & *New York Times*

Ci-dessous : Le 240 Central Park South en 1950. © Collection of the Museum of the City of New York

Bevin House, à Asharoken, sur Long Island, en 2005. C'est dans cette propriété que Saint-Exupéry a écrit *Le Petit Prince* à la fin de l'été et pendant l'automne 1942.
© D. R. / Succession Saint Exupéry-d'Agay

Saint-Exupéry avec Eugene et Elizabeth Reynal au Café Arnold (New York, 1942).

La gourmette de Saint-Exupéry, retrouvée au large de Marseille en 1998, avec l'inscription : « Antoine de Saint-Exupéry (Consuelo) c/o Reynal and Hitchcock 386 4th Ave N.Y.C U.S.A ».

Le Café Arnold, Central Park South, New York.

Saint-Exupéry et Bernard Lamotte sur la terrasse du Bocal, l'atelier de Lamotte, 3 East 52nd Street (New York, 1941-1942).

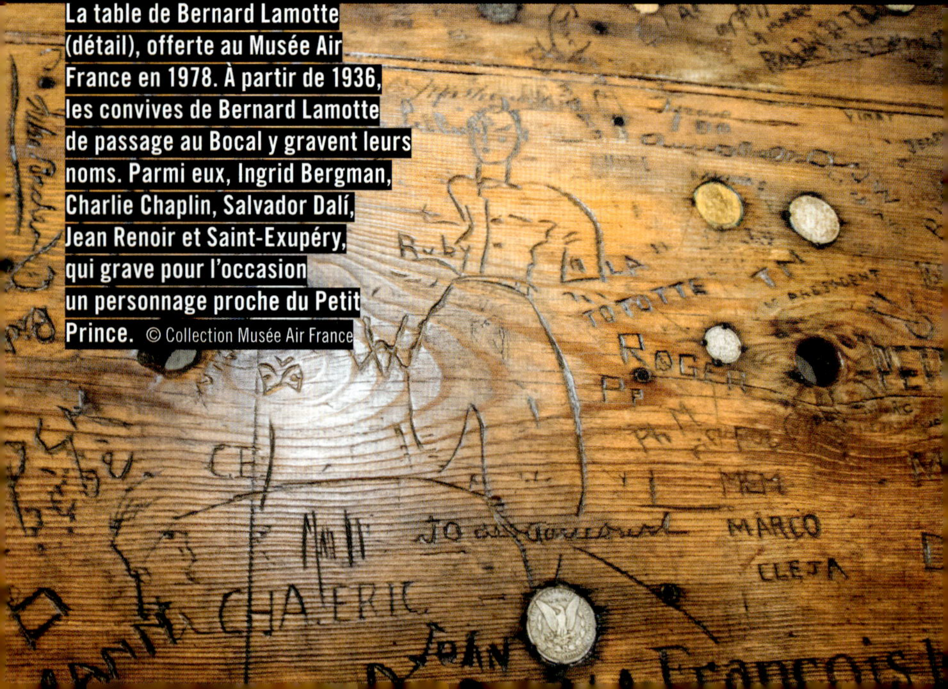

La table de Bernard Lamotte (détail), offerte au Musée Air France en 1978. À partir de 1936, les convives de Bernard Lamotte de passage au Bocal y gravent leurs noms. Parmi eux, Ingrid Bergman, Charlie Chaplin, Salvador Dalí, Jean Renoir et Saint-Exupéry, qui grave pour l'occasion un personnage proche du Petit Prince.

Portrait de Bernard Lamotte à chapeau et nœud papillon (New York, 1942-1943).

« Quand on sort, déconfit, de chez Bernard Lamotte /
On y vient ventre à terre /
On y entre la bouche en cœur /
On y mange au pied levé /
Et on en sort l'estomac dans les talons ! /
Et ces variations physiologiques vous fatiguent. /
Antoine de Saint Exupéry. »

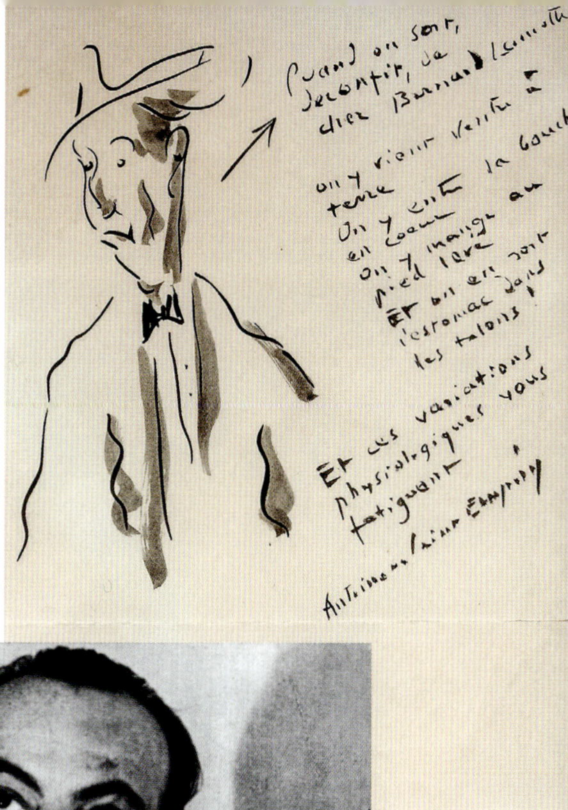

Photographie d'Antoine de Saint-Exupéry dédicacée à Bernard Lamotte (New York, 1942).

« Le sourire - qui révèle d'ailleurs une âme candide - est dû au petit vin du Bocal de Lamotte. Aux amis du Bocal, avec mes plus amicaux souvenirs ».

HARLEM
EAST HARLEM
MORNINGSIDE HEIGHTS
COLUMBIA UNIVERSITY
MARCUS GARVEY MEMORIAL PARK
JEFFERSON PARK
MORNINGSIDE PARK
TRIBOROUGH BRIDGE
W 125TH ST
E 125TH ST
W 110TH ST
E 110TH ST
CATHEDRAL PARKWAY
HARLEM MEER
THE POOL
MT SINAI HOSPITAL
METROPOLITAN HOSPITAL CENTER
97TH ST TRANSVERSE
W 96TH ST
E 96TH ST
JACQUELINE ONASSIS RESERVOIR
GUGGENHEIM
YORKVILLE
W 86TH TRANSVERSE
CENTRAL PARK
METROPOLITAN MUSEUM OF ART
UPPER WEST SIDE
UPPER EAST SIDE
TURTLE POND
AMERICAN MUSEUM OF NATURAL HISTORY
W 79TH ST
E 79TH ST
W 79ST TRANSVERSE
JOHN JAY PARK
CONSERVATORY WATER
THE LAKE
WHITNEY MUSEUM
TERRACE DR
FRICK COLLECTION
HUNTER COLLEGE
MMC
W 66TH ST
E 66TH ST
65TH ST TRANSVERSE
ROCKEFELLER UNIVERSITY
LINCOLN CENTER FOR PERFORMING ARTS
CENTRAL PARK ZOO
THE POND
QUEENSBORO BRIDGE
E 59TH ST
W 57TH ST
E 57TH ST
CARNEGIE HALL
MoMA
CLINTON / HELL'S KITCHEN
TIMES SQUARE
MIDTOWN
GRAND CENTRAL
CHRYSLER
UNITED NATIONS
HUDSON RIVER
EAST RIVER
HENRY HUDSON PARKWAY
JOE DIMAGGIO HWY
FDR DR
FRANKLIN DELANO ROOSEVELT DR
BROADWAY
CENTRAL PARK WEST
5TH AVE
MADISON AVE
PARK AVE
LEXINGTON AVE
3RD AVE
2ND AVE
1ST AVE
YORK AVE
AMSTERDAM AVE
COLUMBUS AVE
WEST END AVE
AVE OF THE AMERICAS
1
2
3
4
5
6
7
8
10
11
12
13
14
15
16
17
18
19
20

❶ Central Park. **Saint-Exupéry y donne à manger aux écureuils en compagnie de son amie l'actrice Annabella.**

❷ 106 Central Park South. **Barbizon Plaza Hotel. Saint-Exupéry y loge en 1938. Consuelo y loge à son arrivée en décembre 1941.**

❸ 240 Central Park South, 27e étage. **Saint-Exupéry y vit à partir de janvier 1941. Au pied de l'immeuble, le Café Arnold.**

❹ **Cathédrale St Patrick. Saint-Exupéry y assiste à la messe de Noël 1942.**

❺ 44 Broadway. **Hôtel Astor, Saint-Exupéry y reçoit le National Book Award le 15 janvier 1941.**

❻ 3 East 95th Street. **Lycée français de New York. Saint-Exupéry y donne des conférences.**

❼ 969 Park Avenue. **Appartement de Silvia Hamilton.**

❽ 7-11 East 73 rd Street. **Pulitzer House. Appartement de Lewis Galantière.**

❾ 45 East 66th Street. **Appartement des Reynal.**

❿ 134 East 61th Street. **Le Canari d'or Restaurant, fréquenté avec Jean-Gérard Fleury et Nada de Bragance.**

⓫ 50th Central Park South. **Ritz Carlton. Saint-Exupéry y loge à son arrivée à New York.**

⓬ 486 Park Avenue. **Bureaux de Reynal & Hitchcock.**

⓭ 57th East Street angle Park Avenue. **Restaurant Le Pavillon.**

⓮ 35 Beekman Place. **Saint-Exupéry y vit à partir de septembre 1942, au retour de Bevin House.**

⓯ East 50th Street. **Appartement d'Hedda Sterne.**

⓰ 3 East 52nd Street. **Atelier de Bernard Lamotte, surnommé « Le Bocal ».**

⓱ 21-23 West 52nd Street. **21 Jackie's restaurant.**

⓲ 30 Rockefeller Plaza. **Studios de la NBC. Saint-Exupéry y lit son « Appel aux Français » du 29 novembre 1942.**

⓳ 610th 5th avenue. **Rockefeller Center. Librairie de France de New York & Éditions de la Maison française.**

⓴ 586 5th Avenue. **Édition Brentano's.**

Consuelo de Saint-Exupéry
à New York en 1943,
dans le parc de Bevin House
en compagnie notamment
de Denis de Rougemont.

Consuelo et Antoine de
Saint-Exupéry. Dernière
photographie du couple
prise par Albert Fenn pour
LIFE le 1er avril 1943.

De gauche à droite et de haut en bas :
Consuelo de Saint-Exupéry. © Fonds Succession Consuelo de Saint Exupéry
Nelly de Vogüé (seconde moitié des années 1930). © D. R. / Succession Saint Exupéry-d'Agay
Natalie Paley par le Studio Dorvyne, 1934. © D.R. Lucien Lelong / Studio Dorvyne
Hedda Sterne (passeport, vers 1941). © Courtesy of The Hedda Sterne Foundation, New York

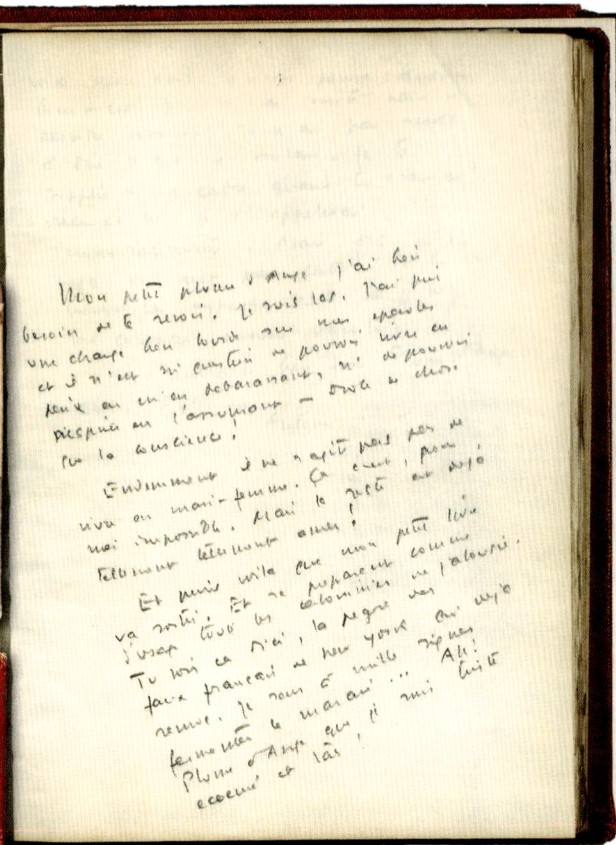

« Mon petit plume d'Ange… » Lettre d'Antoine de Saint-Exupéry à Nada de Bragance, en accompagnement d'un tapuscrit de *Flight to Arras* (*Pilote de guerre*) (New York, 1941).

Coll. particulière. © Succession Saint Exupéry-d'Agay

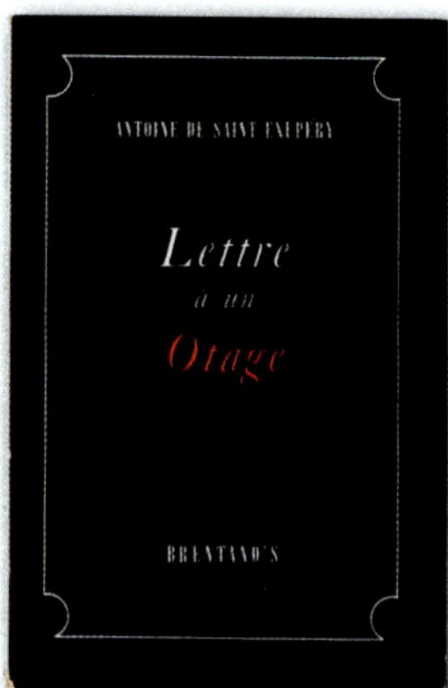

Les trois livres publiés par Saint-Exupéry aux États-Unis :

***Flight to Arras* avec en jaquette une illustration de Bernard Lamotte (Reynal & Hitchcock, février 1942).**
***Le Petit Prince* (Reynal & Hitchcock, avril 1943).**
***Lettre à un otage* (Brentano's, juin 1943).** © D. R. / Succession Saint Exupéry-d'Agay

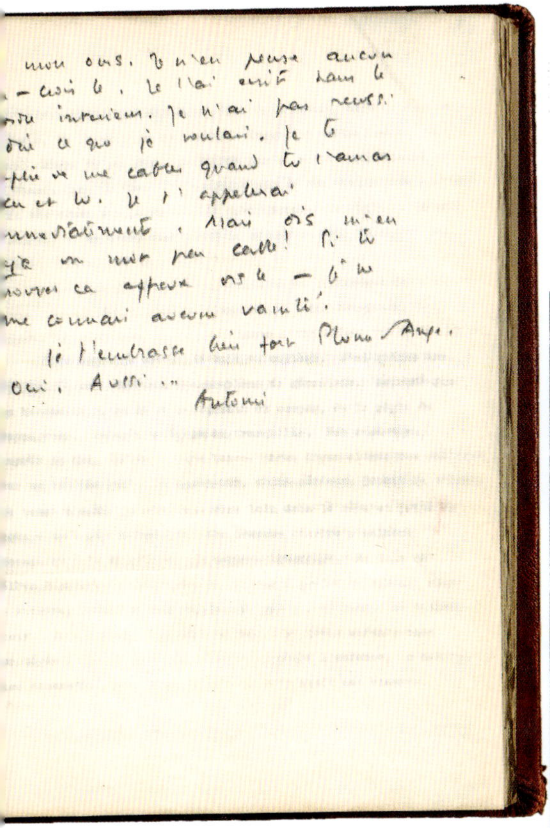

mon ours. Je n'en pense aucun
-coin le. Je l'ai écrit dans le
[illegible] intérieur. Je n'ai pas réussi
dire ce que je voulais. Je te
-plie de me cabler quand tu l'auras
[illegible] et lu. Je t'appellerai
immédiatement. Mais dis m'en
[illegible] un mot peu cablé! Si tu
trouves ça affreux dis le — je ne
me connais aucune vanité.

Je t'embrasse bien fort Plume d'Ange.

Oui. Aussi...

Antoine

Trois photos d'Antoine de Saint-Exupéry prises dans l'appartement de Silvia Hamilton (New York, 1942 ou 1943).

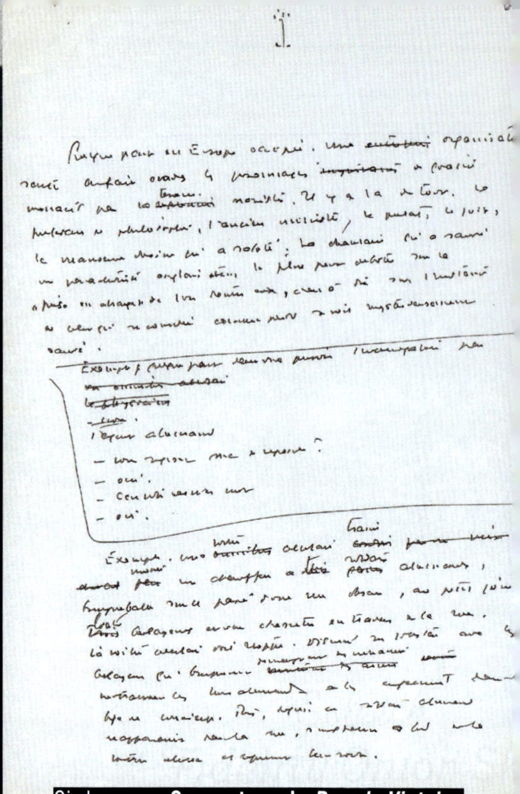

Ci-dessus : **En compagnie de Jean Renoir, aux États-Unis, 1941.** © D.R. / Succession Saint Exupéry-d'Agay

À droite : **« Quelque part en Europe occupée… », *Gabin*, projet de film (New York, 1942).** © Coll. Succession Saint Exupéry-d'Agay.

Ci-dessous : **Contrat d'adaptation du *Petit Prince* signé par Orson Welles et Maximilian Becker, agent de Saint-Exupéry aux États-Unis (Los Angeles, 1943).** © Coll. Succession Saint Exupéry-d'Agay

Ci-dessous : **Couverture de *Pour la Victoire*, 19 décembre 1942, avec « Il faut parfois juger », de Jacques Maritain et la « Lettre aux Français » de Saint-Exupéry.** © Coll. Succession Saint Exupéry-d'Agay

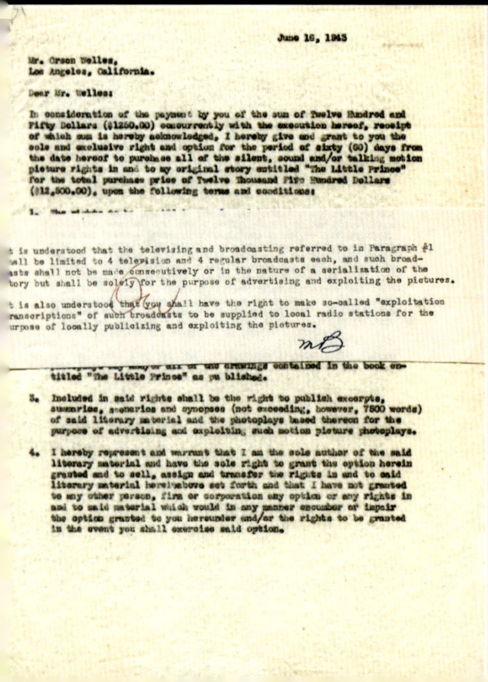

June 16, 1943

Mr. Orson Welles,
Los Angeles, California.

Dear Mr. Welles:

In consideration of the payment by you of the sum of Twelve Hundred and Fifty Dollars ($1250.00) concurrently with the execution hereof, receipt of which sum is hereby acknowledged, I hereby give and grant to you the sole and exclusive right and option for the period of sixty (60) days from the date hereof to purchase all of the silent, sound and/or talking motion picture rights in and to my original story entitled "The Little Prince" for the total purchase price of Twelve Thousand Five Hundred Dollars ($12,500.00), upon the following terms and conditions:

1. [illegible]

t is understood that the televising and broadcasting referred to in Paragraph #1 hall be limited to 4 television and 4 regular broadcasts each, and such broadasts shall not be made consecutively or in the nature of a serialization of the tory but shall be solely for the purpose of advertising and exploiting the pictures.

t is also understood that you shall have the right to make so-called "exploitation ranscriptions" of such broadcasts to be supplied to local radio stations for the urpose of locally publicizing and exploiting the pictures.

mB

[illegible] all of the drawings contained in the book entitled "The Little Prince" as published.

3. Included in said rights shall be the right to publish excerpts, summaries, scenarios and synopses (not exceeding, however, 7500 words) of said literary material and the photoplays based thereon for the purpose of advertising and exploiting such motion picture photoplays.

4. I hereby represent and warrant that I am the sole author of the said literary material and have the sole right to grant the option herein granted and to sell, assign and transfer the rights in and to said literary material hereinabove set forth and that I have not granted to any other person, firm or corporation any option or any rights in and to said material which would in any manner encumber or impair the option granted to you hereunder and/or the rights to be granted in the event you shall exercise said option.

pour la VICTOIRE
JOURNAL FRANCAIS D'AMERIQUE

LAVAL NAZIFIE LA F[…]

BATTRE L'ALLEMAND!
par Henri de Kerillis

ALAN SEEGER
par Philippe Barrès

Il faut parfois juger
par Jacques Maritain

Antoine de Saint-Exupéry
LETTRE AUX FRAN[…]

1918, Quelque part en Bretagne

Notre numéro de […]

L'AMÉRIQUE EN G[…]

Télégramme de Jean Monnet, que Saint-Exupéry rencontra plusieurs fois à Washington, daté du 2 décembre 1942. Traduction : « Ne manquez pas de lire la page 24 du *New York Times* aujourd'hui, lettre signée E. K. Rand. Stop. Bonne chance. Jean Monnet. » © Fondation Jean Monnet, Lausanne

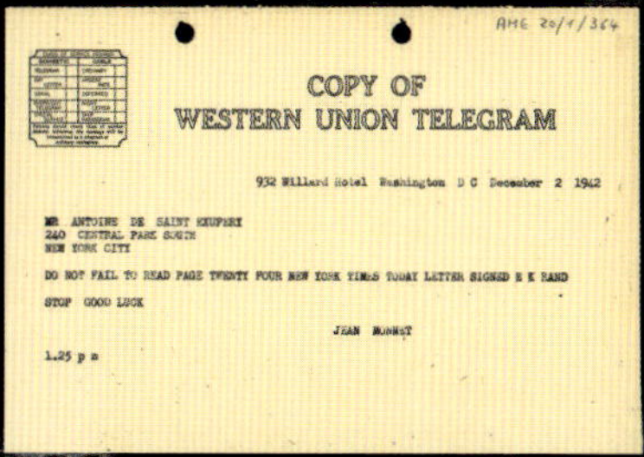

AME 20/1/364

COPY OF
WESTERN UNION TELEGRAM

932 Willard Hotel Washington D C December 2 1942

MR ANTOINE DE SAINT EXUPERY
240 CENTRAL PARK SOUTH
NEW YORK CITY

DO NOT FAIL TO READ PAGE TWENTY FOUR NEW YORK TIMES TODAY LETTER SIGNED E K RAND

STOP GOOD LUCK

JEAN MONNET

1.25 p m

Saint Exupéry pendant la lecture de son « Appel aux Français » (New York, 29 novembre 1942).
© D. R. / Succession Saint Exupéry-d'Agay

Montréal, mai 1942. Saint-Exupéry à l'hôtel de Ville, avec son éditeur Bernard Valiquette à gauche et le maire suppléant Paul Leblanc. © Bibliothèque et Archives nationales du Québec, Fonds Bernard Valiquette

Le petit prince pendu. Sur ce dessin, ayant appartenu à Silvia Hamilton, on voit à proximité de la Terre, une planète « Fox-MGM » où un couple s'enlace. Saint-Exupéry ferait référence à ses démêlés avec la MGM ayant abouti à la fin de l'exploitation de *Night Flight*, à l'échec de l'adaptation de *Terre des hommes* ou au dépit provoqué par la relation entre Silvia et un producteur d'Hollywood. (New York, 1942 ou 1943) © coll. particulière. D. R. / Succession Saint Exupéry-d'Agay

Terre des hommes (1939), avec dessin et envoi autographe signé à Denis de Rougemont (New York, 1942-1943) : « Où est Rougemont ? / Ça c'est moi qui vous cherche pour vous battre aux échecs. »

La statue du Petit Prince par Jean-Marc de Pas inaugurée devant la Villa Albertine à New York, le 20 septembre 2023, en commémoration des 80 ans de la publication du livre.

sa planète est trop petite. « Il n'y a pas de place pour deux », conclut-il. Il finit par se retrouver sur la Terre. Mais pour quelques jours seulement. Il lui faudra repartir… Donc mourir, ou en donner l'apparence.

Le conte rassemble tous les thèmes majeurs de la pensée et de l'œuvre de Saint-Exupéry : les tourments amoureux, la solitude, la quête éperdue de l'autre, l'angoisse devant le monde de demain, la domination du capitalisme, l'état de notre planète… C'est ce qui lui donne son absolue modernité. Quant au jeune héros, avec son légendaire « Dessine-moi un mouton », il pourrait avoir été inspiré par plusieurs enfants de son entourage – Saint-Exupéry préférait nettement leur compagnie à celle des adultes. Il passait des heures à jouer avec eux, à confectionner des cocottes en papier ou des bombes à eau qu'ils lançaient par la fenêtre, à leur faire des tours de cartes ou de magie, à dessiner pour eux, à leur raconter des histoires. En témoignent ses rapports avec son neveu François d'Agay, fils de sa sœur Gabrielle, avec Thomas, fils de son ami québécois Charles de Koninck, ou encore Marie-Sygne Claudel, fille d'Henri, « ambassadeur » officieux de De Gaulle à New York et fils de Paul Claudel. On peut donc considérer *Le Petit Prince* comme une synthèse de vécu, de caractères, de pensées, de rencontres, le tout « mixé » par Saint-Exupéry pour en faire son miel, une œuvre. Et un coup de maître.

Venu sans doute de loin, concrétisé en 1942, le Petit Prince a accompagné son créateur jusqu'à la fin. On se souvient qu'il l'a utilisé comme messager envoyé plaider sa cause auprès de l'Inconnue, en Algérie, en 1944.

En vain, malgré son charme irrésistible, qui a opéré sur des millions de lecteurs à travers le monde, depuis quatre-vingts ans.

Lettre à un otage constitue la dernière publication de Saint-Exupéry de son vivant. Une partie du texte, les deux premiers chapitres de ce qui s'appelait à l'origine *Lettre à Léon Werth*, avait paru en mars 1943 dans la revue *Amérique française*, à Montréal. La version définitive, avec son nouveau titre, sera publiée le 3 juin 1943 chez Brentano's, à New York, puis reprise, en février 1944, dans le premier numéro de la revue littéraire *L'Arche*, fondée à Alger par le journaliste Jean Amrouche, un proche d'André Gide.

Cette *Lettre* devait initialement servir de préface à *33 jours*, court roman que Léon Werth avait écrit en juin 1940, où il racontait la débâcle. Mais, à cause de l'Occupation et de la persécution des Juifs, l'auteur avait dû se réfugier dans le Jura. Il avait confié son manuscrit à son ami Saint-Exupéry, lequel l'aurait donné à un éditeur américain. Et là, on perd sa trace. Il ne sera retrouvé et publié qu'en 1992, chez Viviane Hamy, trente-sept ans après la mort de Werth ! La *Lettre à un otage* comporte une quarantaine de pages, organisées en six chapitres. Saint-Exupéry y raconte quelques souvenirs récents, son séjour à Lisbonne, le Sahara, l'Espagne, un déjeuner amical avec Léon Werth. Il y célèbre aussi la patrie souffrant sous la botte nazie, son désir profond de reprendre la lutte, et, par-dessus tout, l'amitié, cette fraternité entre les êtres, qu'il a recherchée toute sa vie. « Si je combats encore, je combattrai un peu pour toi », dit-il à l'ami. Parce que : « Je puis entrer chez toi sans m'habiller d'un uniforme, sans me soumettre à la récitation d'un coran[1], sans renoncer à quoi que ce soit de ma patrie intérieure. » On y trouve aussi cette phrase émouvante, révélatrice de l'état moral de Tonio à la fin de son exil aux États-Unis : « Je suis si las des polémiques, des exclusives, des fanatismes ! » Alors, à lui l'action, au sein de sa seconde famille : l'aviation.

Lorsqu'il quitte New York pour n'y plus revenir, le 2 avril 1943, Antoine de Saint-Exupéry voyage léger.

Une seule cantine, avec quelques vêtements, quelques livres, des papiers. Et un cartable, ce fameux cartable dont il ne se sépare jamais, et qui renferme les œuvres en cours. Dont un énorme manuscrit, auquel il a commencé de songer dès 1937, qui deviendra *Citadelle*. Le reste, plusieurs malles « au trésor » contenant lettres, dessins, manuscrits, objets, il le laisse à Consuelo.

Après sa disparition en mission le 31 juillet 1944, ses effets demeurent à Borgo, en Corse. Le commandant de l'escadrille, le futur général Gavoille, en dresse l'inventaire. Il se peut que des choses aient disparu au passage. Jusqu'à ce que, mandatée par la famille de l'écrivain[2] Pierre Chevrier, *alias* Nelly de Vogüé,

1. *Sic.* Rappelons que Léon Werth était juif.

2. Bien qu'il n'ait pas rédigé de testament, Antoine avait, dans une lettre, chargé sa mère Marie, s'il lui arrivait quelque chose, de veiller sur la postérité de son œuvre, tâche dont elle s'acquitta jusqu'à sa mort, en 1972, à l'âge de 97 ans. Ce sont ensuite ses filles, notamment Simone, qui prirent le relais, puis ses neveux.

récupère le tout. Dont le tapuscrit de *Citadelle*, plus de 900 feuillets, surtout rédigés à partir de 1940, dans une espèce d'urgence : « Je n'ai plus aucun sens par moi-même, écrit-il à Pierre-Nelly de Los Angeles, le 8 septembre 1941, et je ne comprends pas que je sois objet de litiges. Je me sens menacé, vulnérable, limité dans le temps, je veux finir mon arbre[1]. » Son « arbre », ce sont « ces sept cents pages de gangue » (à l'époque) dont il sait très bien qu'il ne les achèvera pas, que, étant donné sa méthode d'écriture, réécriture, coupes, remplois, il lui faudrait dix ans pour en venir à bout et parvenir à un texte publiable. Alors il avance, comme un forçat dans sa roue, d'où le volume considérable du manuscrit retrouvé dans son cartable, à Borgo.

C'est Nelly, qui, en même temps que son essai biographique, en organise la publication, chez Gallimard, en 1948, au terme d'un véritable travail de bénédictine. Après avoir retranché les premières pages qui, sous le titre *Le Caïd*, constituaient une espèce de nouvelle autonome, elle a organisé l'opus en 219 chapitres, sans titre ni continuité, avec des *incipit* qui ressemblent à des versets, comme le fameux : « Citadelle, je te construirai dans le cœur de l'homme », du chapitre II. Écrits au fil de la plume, s'adressant à un « tu » anonyme – le lecteur –, Saint-Exupéry y mêle des souvenirs de son expérience de pilote pour l'Aéropostale, poursuit ses méditations sur l'homme, son époque, l'avenir qui l'attend – qu'il prophétise sombre, brutal, matérialiste. Il y prêche également pour ses valeurs personnelles,

1. Antoine de Saint-Exupéry, *Œuvres complètes*, tome II, *op. cit.*

l'humanisme, l'harmonie entre les êtres, la spiritualité, le dépouillement, à la façon des mystiques ou des Bédouins du Sahara, qui construisent leur *citadelle* au milieu des sables. Le ton est souvent solennel, lyrique, non loin parfois de la poésie, de la prière, du cantique, du chant grégorien. Tout sauf un roman, mais la reprise, amplifiée, d'une tendance déjà présente dans ses livres précédents, de moins en moins fictionnels, de plus en plus philosophiques, très empreints de spiritualité.

Dès la parution, la critique a posé la question fondamentale : *Citadelle* est-il un *vrai* livre de Saint-Exupéry, son ultime, fidèle à sa pensée, ou bien la création d'un tiers, correspondant à ses propres idées et valeurs, dans lequel l'écrivain ne se serait pas forcément reconnu ? Une fois encore, seules les archives de Nelly de Vogüé nous permettront peut-être de trancher, dans la mesure où elle a conservé le dossier complet de son considérable travail. Mais ce qui est certain, c'est que ce livre n'est pas, s'il avait vécu, celui que Saint-Exupéry aurait fait publier.

Après *Citadelle*, parurent plusieurs correspondances et quelques autres livres posthumes. L'un, anecdotique : en 1953, Nelly de Vogüé, toujours sous son pseudonyme de Pierre Chevrier, procura, chez Gallimard, une édition des *Carnets* de Saint-Exupéry, tenus par lui de 1930 à 1944. De petits carnets, comme des agendas, qu'il avait toujours sur lui, et où il notait tout ce qui lui passait par la tête, de façon plus ou moins aboutie. Leur contenu n'était, à l'évidence, pas destiné à la publication, et à destination des *aficionados*. Plus intéressant,

Nelly, toujours elle, a donné, en 1982, une édition des *Écrits de guerre 1939-1944* de son ami. Y sont rassemblés divers textes, discours, documents, témoignages et lettres importantes (à André Breton, ou Jacques Maritain, par exemple), marquant le parcours de Saint-Exupéry durant la guerre, ses réflexions, ses prises de position, parfois peu claires, et souvent mal interprétées. À noter que l'ouvrage était préfacé par le philosophe Raymond Aron, guère en odeur de sainteté dans les milieux gaullistes. Doit-on y voir une sorte d'ultime provocation ?

5

Le cinéma, une lanterne magique

Avec le pilotage et l'écriture, le cinéma représentait, pour Saint-Exupéry, un autre moyen de s'abstraire du monde réel, auquel il se sentit toujours inadapté, et de voler dans l'imaginaire. Même si, dans son enfance, il prit plaisir à voir des films d'aventures qui l'ont fait rêver, comme *Le Voleur de Bagdad* de Douglas Fairbanks, il a vite compris qu'un beau film ne repose pas seulement sur une intrigue, un scénario, un décor, des situations, mais que sa beauté s'apparente à celle du mythe, de la poésie. Une esthétique qu'il tentera de transposer tout au long des années 1930 dans différents projets cinématographiques, dont deux seulement verront le jour.

Le premier « contact » de l'écrivain avec le cinéma se fit sans lui. En 1933, Clarence Brown, monteur, réalisateur et producteur prolifique d'Hollywood, décida d'adapter à l'écran *Vol de nuit* pour la Metro-Goldwyn-Mayer. Paru en France en septembre 1931, le roman avait été traduit et publié aux États-Unis dès 1932, sous le titre *Night Flight*, chez The Century Company, à New York. Le film portera le même titre. Le scénario est dû à Oliver H.P. Garrett. Le producteur est David O. Selznick. Au casting, on trouve John Barrymore dans le rôle de Rivière, Clark Gable dans celui de Jules, Lionel Barrymore incarne Robineau, Robert Montgomery Auguste Pellerin. Mirna Loy et Helen Hayes complètent la distribution. Le film sort aux États-Unis le 6 octobre 1933. Le tournage avait été pénible, semble-t-il, et le résultat, jugé vieillot par la critique américaine, n'est pas un chef-d'œuvre. En France, en revanche, où il sortit en mars 1934, *Vol de nuit* remporta un certain succès. Cette expérience, à laquelle Saint-Exupéry n'avait aucunement participé, élargit l'audience du roman et de son auteur au grand public. Et son nom n'est plus tout à fait inconnu dans les milieux du cinéma américain.

Première expérience concrète : décidant de mettre en pratique sa conception « poétique » du cinéma (Jean Cocteau ne parlait-il pas de « poésie de cinéma » à propos de ses films ?), Saint-Exupéry adapte et dialogue lui-même en 1935 le scénario d'*Anne-Marie*, qu'il avait vendu en 1933 au réalisateur Raymond Bernard, le fils de Tristan. « Une histoire d'amour », disait-il, mais bien emberlificotée, avec une femme ingénieur en aéronautique, inventeur de différents brevets, qui s'intègre dans le milieu très fermé et entièrement masculin d'un aéroclub. On peut penser que Saint-Exupéry a mis beaucoup de lui dans son héroïne. Raymond Bernard était un réalisateur spécialisé dans les superproductions en costumes, et les adaptations d'œuvres littéraires, comme *Les Croix de bois* ou *Les Misérables*. Pierre Richard-Willm joue le rôle de l'inventeur. C'est l'actrice Annabella (née Suzanne Charpentier en 1907) qui interprète le rôle-titre.

Révélée en 1927 dans le *Napoléon* d'Abel Gance, chef-d'œuvre du muet, c'est le parlant qui va faire d'elle une star des années 1930. En 1939, elle tentera l'aventure d'Hollywood. Elle y rencontrera l'acteur Tyrone Power, son mari de 1939 à 1948. Des liens d'amitié s'étant noués entre Saint-Exupéry et l'actrice, ils se reverront, en Californie ou à New York, durant son séjour américain. Sorti en 1936, *Anne-Marie* remporta un beau succès populaire et fut ensuite « novellisé » par un certain Jean d'Arjanse, dans la collection grand public « Cinéma-Bibliothèque » aux éditions Jules Tallandier, avec des photos du film. Jean d'Arjanse était en fait l'un des très nombreux pseudonymes de l'écrivain chilien d'expression française Henry Musnik (1895-1957), polygraphe, auteur de romans d'aventures, BD, policiers, romans historiques, de science-fiction, etc. Il signait de ce nom-là ses « romans cinématographiques ». Sur la couverture, est mentionné : « D'après le scénario d'Antoine de Saint-Exupéry[1] ».

Entre plusieurs projets de longs-métrages, Saint-Exupéry prend une part active à la réalisation de deux courts-métrages pour le service de propagande de la compagnie Air France nouvellement créée, *Week-end à Alger* (1934) et *Atlantique Sud* (1936), en tant que conseiller technique du directeur, Jean Chitry.

Puis vient ce qui restera comme son seul « vrai » film. Dès 1931, on sait qu'il avait envisagé une adaptation

1. Jean d'Arjanse, *Anne-Marie*, roman-photo, coll. « Cinéma-Bibliothèque », Paris, Jules Tallandier, 1936.

cinématographique de son premier roman, *Courrier Sud*. Mais ce n'est qu'en 1936 que son schéma de scénario est communiqué au cinéaste Pierre Billon, que l'on retrouvera un peu plus tard dans cette histoire. Billon, né en 1901 était un honnête artisan, spécialiste des films de cape et d'épée. On lui doit, en particulier, un *Ruy Blas* enlevé, adapté de Victor Hugo par Jean Cocteau (sorti en 1948). Outre Saint-Exupéry, Pierre Billon lui-même, aidé de Hans G. Lustig et de Robert Bresson, qui reverra l'ensemble, s'attelle au scénario. Deux producteurs sont trouvés, André Aron et son associé Édouard Corniglion-Molinier, pilote de chasse pendant la guerre de 1914-1918, ami proche et compagnon d'aventures d'André Malraux, gaulliste, résistant dans la France libre, il sera plusieurs fois ministre sous les IVe et Ve Républiques.

Dans son travail de scénariste, Saint-Exupéry est assisté par la jeune Léa France Gourdji, née en 1916, une « Juive ottomane » qui prendra en 1937 le nom plus « catholique » de Françoise Giroud. Elle fut scripte et assistante de plusieurs cinéastes, dont Jean Renoir, Jacques Becker ou Marc Allégret, dont elle était amoureuse. C'est Marc qui l'avait présentée à Gide, son père spirituel, dont elle avait assuré un temps le secrétariat. Françoise Giroud, au charme de qui Saint-Exupéry n'était pas insensible, dactylographie les différentes versions du scénario de *Courrier Sud*[1]. Elle assistera également au tournage, qui se situe en partie au Maroc, dans un endroit désertique non loin de la ville de Mogador, aujourd'hui Essaouira. En octobre 1936,

1. Voir *Si je mens*, entretiens avec Claude Glayman, Paris, Stock, 1972.

l'aviateur-écrivain y atterrit en compagnie d'une équipe technique prêtée par Air France : un pilote en plus de lui-même, deux techniciens, avec deux avions Laté 28 de chez Latécoère (le F-AJJF « Bourrasque » et le F-AMXV « Brise de mer »). Il pilotera lui-même pour la plupart des scènes de vol. Le tournage est assez folklorique. Saint-Exupéry se montre très présent et, selon ses biographes, très impliqué.

Côté distribution, on retrouve l'acteur Pierre-Richard Willm dans le rôle de Bernis, Jany Holt interprète celui de Geneviève Herlin, tandis que Charles Vanel campe son mari. Le film sortira en salles en mars 1937, avec une première de prestige au cinéma Marignan, sur les Champs-Élysées.

En même temps que le tournage de *Courrier Sud*, Saint-Exupéry se voit embarqué dans une autre aventure cinématographique loufoque, par son ami le journaliste-écrivain Henri Jeanson, également scénariste et dialoguiste de génie. Les deux compères se rendent à Londres – où vivait le réalisateur Alexander Korda, Juif hongrois naturalisé britannique – à l'automne 1936. Celui-ci voulait tourner une histoire de l'aviation depuis ses origines, idée qui ne pouvait que séduire le pilote-écrivain bombardé « conseiller de production ». D'autant que le scénario est signé Orson Welles, qu'il rencontre à cette occasion, ainsi que son décorateur, un certain Fernand Léger. Mais le tournage est déjà commencé, et des divergences surviennent entre les protagonistes, notamment à cause des acteurs proposés et du genre du film : Saint-Exupéry souhaitait quelque chose de plus factuel, Korda, pour des raisons commerciales, de plus « dramatique ». Jeanson et lui se retirent donc du projet. Le documentaire définitif ne sortira qu'en 1940 sous le titre *The Conquest of the Air*, réalisé par Zoltan Korda, le frère d'Alexander. Antoine de Saint-Exupéry y est crédité en tant qu'un des deux auteurs de l'histoire, avec John Monk Saunders.

Jusqu'à son départ pour le Portugal puis les États-Unis, fin 1940, Saint-Exupéry va multiplier les projets cinématographiques, certains restant à l'état de synopsis, d'autres, de scénarios plus développés, mais aucun n'aboutira à un film.

Au début de l'année 1936, il projette de transposer à l'écran son raid manqué Paris-Saïgon de l'année précédente. À bord de son Caudron Simoun personnel, en compagnie du mécanicien André Prévot, il avait décollé le 29 décembre 1935 du Bourget, et s'était écrasé dans le désert de Libye. Il appelle son récit *Le Départ*, et rédige un premier jet, dont on a retrouvé quatorze feuillets manuscrits, très raturés. A-t-il écrit une suite, perdue, ou bien s'est-il arrêté là ? Le héros de ce texte s'appelle Jean Lucas, pilote sur la ligne Paris-Londres. Il prépare un raid vers Shanghai, qui se déroule sans problème jusqu'à une panne aux abords de la ville. Secouru, il va alors découvrir une certaine Chine, en l'occurrence fantasmée puisque, de l'Asie, l'écrivain ne connaissait que Saïgon, où il était allé en 1934. De là, il avait voulu voir Angkor, mais une de ses nombreuses pannes d'avion l'en avait empêché. *Le Départ* en restera là.

Plus intéressant, en revanche, est le cas de *Igor*, un tapuscrit de vingt feuillets, dont le texte n'a été révélé qu'en 1995[1]. Saint-Exupéry avait confié cet exemplaire unique, dactylographié de ses mains, en août 1940 à Pierre Billon, durant un séjour à Agay où il travaillait également à *Citadelle*. C'est le cinéaste lui-même, avec qui il était lié depuis le tournage de *Courrier Sud*, qui l'a raconté en 1976[2]. « Si je reviens, lui avait confié l'écrivain, qui s'apprêtait à quitter la France, nous y travaillerons ensemble. Sinon, vous le réaliserez tout seul. » Ensuite, Saint-Exupéry lui en résume le sujet, le seul de ses écrits où il ne soit pas question d'aviation. C'est une histoire à suspense tarabiscotée, qui se situe dans le port de Rio de Janeiro. Un inspecteur de police, Schmidt, mène l'enquête sur un certain Igor, embarqué sur le paquebot *Santos*, lequel restera à quai durant tout le film. Le policier est « descendu à coups de revolver », mais pas mort. À bord du *Santos*, Igor fait la fête en compagnie d'une belle Américaine et d'un mystérieux baron, qui flambe au poker. La police essaie de coincer à tout prix ce caïd de la pègre manipulateur, sans foi ni loi, avant que le vieux paquebot n'appareille pour l'Europe. S'y ajoute une histoire de terroristes fomentant un attentat pour soulever le pays contre un régime d'oppression.

Après la disparition de Saint-Exupéry, Pierre Billon propose le sujet à la maison de production Ciné France, dont le directeur M. Shapira, l'accepte sans réserve. Le cinéaste achète lui-même les droits à Consuelo. « D'après

1. Christian Janicot, *Anthologie du cinéma invisible*, Paris, Jean-Michel Place, 1995.

2. Interview dans la revue *Icare*, n°78.

ce que je compris, le film, poursuit-il dans son interview à *Icare*, devait être réalisé avec l'appui financier du Parti communiste. » Billon demande donc à l'écrivain Maurice Clavel, chrétien de gauche et ancien résistant, de construire le scénario avec lui et d'écrire les dialogues. Clavel accepte dans l'enthousiasme, « par admiration pour Saint-Exupéry », dit-il. Mais alors que les deux hommes sont en train de travailler « avec ardeur », le producteur débarque et annule le projet, à cause de Maurice Clavel. Raison invoquée : « Pendant la Résistance, dans le maquis de Chartres, il a refusé des armes aux FTP. » Un contentieux existait donc entre le réseau de maquisards, proches du Parti communiste, et Clavel, ce que ce dernier ne nie pas, se justifiant par les ordres qu'il avait reçus de son propre réseau. Il propose même de travailler de façon anonyme. Mais Shapira n'en démord pas, et le financement du film par le PCF devient impossible. Cette désunion entre frères d'armes aurait navré Saint-Exupéry…

Un an plus tard, Billon, admirablement persévérant, remet le projet sur les rails, chez UGC, où il est accepté. M. Shapira lui rend les droits, mais il lui faut « l'accord des divers membres de la famille et principalement celui de Consuelo de Saint-Exupéry[1] ». Partie pour l'étranger durant les négociations, elle fait capoter le projet, « UGC [s'étant] lassé d'attendre ».

Sans doute également en 1940, Saint-Exupéry a écrit le scénario de *Sonia*, aussi connu sous le titre

1. Sur la succession de Saint-Exupéry, voir Jean-Claude Perrier, *Les mystères de Saint-Exupéry*, *op. cit.*, chapitre VIII.

La Résurrection. Il a offert et dédicacé le tapuscrit à Raymond Bernard, le réalisateur d'*Anne-Marie*, lequel en a confié un exemplaire à Edmond Petit (1914-2000), colonel de l'armée de l'air, puis auteur de livres sur l'histoire de l'aviation, qui l'a donné au musée d'Air France, situé à Tremblay-en-France, non loin de l'aéroport de Roissy-Charles-de-Gaulle. Sonia est le nom d'une danseuse espagnole qui a contaminé d'une maladie grave les 5 000 émigrants qu'un navire amène d'Amérique du Sud à Bordeaux. Mis en quarantaine, les passagers seront sauvés par des aviateurs qui collectent du sérum à travers le monde entier et le livrent juste à temps. L'histoire de *Sonia* est assez proche de celle d'*Igor*, dont elle reprend certains thèmes et éléments, la glorification de l'héroïsme des aviateurs en plus.

On peut citer également un autre projet, *Un avion s'est égaré*, manuscrit conservé par la famille d'Agay. Il raconte les aventures d'un aviateur et de son radio télégraphiste, dont l'appareil menace de tomber en panne, et qui parviennent quand même jusqu'à un campement. Là, une jeune fille attend...

Dans la même veine et de la même époque, on a retrouvé il y a quelques années un autre scénario inédit, manuscrit de dix feuillets, intitulé *8 heures à vivre... ce n'est pas un crime*[1]. C'est l'histoire d'une exploratrice embarquée sur un paquebot à destination de Lisbonne avec son amant Felicio. Celui-ci, qui fait partie d'un groupe terroriste, se débrouille pour contaminer

1. Vendu par la maison Artcurial le 13 décembre 2012, pour la somme de 38 611 euros.

tous les passagers. Lorsqu'elle s'en rend compte, et devant le refus de Felicio de livrer ses complices, la jeune femme se suicide. Malgré la quarantaine, les terroristes parviendront à s'enfuir.

En 1942, enfin, Saint-Exupéry écrit un autre scénario, commençant par ces mots : « Quelque part en Europe occupée... », dont le héros est « Gabin », chef d'une organisation de résistance.

Face à cette activité « cinématographique » frénétique d'un Saint-Exupéry désœuvré, en attente de son départ programmé, on ne saurait être exhaustif. D'autres synopsis dorment sans doute encore ici ou là, qui réapparaîtront peut-être un jour. Tous sont à l'évidence intéressants, même si certains sont plus aboutis que d'autres, embryonnaires et anecdotiques.

Mais c'est aux États-Unis que tout cela – ces expériences techniques, ces idées, ces envies – a failli se concrétiser dans un projet qui, s'il avait vu le jour, aurait été à coup sûr un chef-d'œuvre. Jean Renoir regrettera d'ailleurs toujours ce qui aurait été, confiait-il, « le plus beau film de [sa] vie ».

Entre les deux hommes, dès Lisbonne, puis le voyage sur le *Siboney*, le courant passe bien. Ils partagent quelques idées sur la guerre, la situation de la France, la politique, la même passion pour l'aviation, le pilotage : il se trouve que Renoir a effectué son baptême de l'air sur le même terrain que Saint-Exupéry, à Ambérieu-en-Bugey. Pour le tournage de l'un de ses chefs-d'œuvre, *La Grande Illusion* (1937), c'est sa propre combinaison que le cinéaste avait prêtée à sa vedette, son double,

Jean Gabin. Le cinéma les réunissait également. Ils avaient des relations communes dans le milieu, on l'a vu. Il était donc tout naturel que jaillisse, d'emblée, l'idée d'une collaboration. Le 7 janvier 1941, l'écrivain offre à Renoir un exemplaire de *Terre des hommes*, paru simultanément, le 16 février 1939, en français chez Gallimard et en anglais chez Reynal & Hitchcock, sous le titre *Wind, Sand and Stars*, dans une version plus longue, avec un chapitre supplémentaire, « Les puissances naturelles », rédigé à New York durant l'été 1938.

Sa lecture effectuée, Renoir écrit à Saint-Exupéry qu'il en est resté « sur le derrière[1] ». En réaliser une adaptation filmique s'impose aux deux compères. Mais ils sont bien conscients que *Terre des hommes* est encore moins un « roman » que les livres précédents de l'écrivain. Voire pas un roman du tout, mais un assemblage composite d'épisodes vécus, de textes épars, bien que soudés par des thématiques communes. En tirer un synopsis serait bien difficile. Ils décident de créer autre chose, une œuvre originale, *à partir* du livre. Ce que résume ainsi Frédéric d'Agay, petit-neveu et spécialiste de l'écrivain, dans sa préface à *« Cher Jean Renoir[2] »* : « Non plus réellement *Terre des hommes* dans sa forme livresque, mais plutôt l'histoire d'un pilote qui gagne des batailles, relie les

1. Lettre à Saint-Exupéry dans « *Cher Jean Renoir* », *Saint-Exupéry raconte Terre des hommes à Jean Renoir*, Paris, Gallimard, coll. « Les Cahiers de la NRF », 1999.

2. *Idem.*

hommes, quitte les oasis et les jeunes filles pour son devoir de pilote et d'homme. »

Dès son arrivée, Saint-Exupéry se met à la tâche avec ardeur, échangeant avec Renoir par téléphone ou par courrier, puisque l'un est à New York, et l'autre, installé en Californie, à Hollywood, sous contrat avec la Fox. Mais surtout, il découvre, lui si féru de technique et d'inventions, inventeur lui-même, le dictaphone, un gramophone-enregistreur. Parlant dans un micro pendant des heures, il va se mettre à raconter ce nouveau *Terre des hommes* à Renoir, et, partant, à se raconter lui-même. L'enregistrement est ensuite gravé sur des disques en gomme-laque de 30 centimètres de diamètre, de la marque Victor Records. Dix en tout, que l'écrivain enverra à son correspondant, un par un, de New York à la Californie. Comme un passionnant feuilleton. Au passage, la relation entre les deux amis s'intensifie. Ils se verront plusieurs fois durant leur exil commun, chez l'un ou chez l'autre. Saint-Exupéry séjournera même chez Renoir en août 1941.

Dès avril de cette même année, le cinéaste entreprend des démarches pour faire exister le film, d'abord auprès du producteur Darryl F. Zanuck, à qui il écrit : « Le livre de Saint-Exupéry a avant tout une valeur humaine. C'est le chant d'espoir d'un homme. » Il reviendra plusieurs fois à la charge, le rencontrera même, en vain. En mai, il approchera une autre équipe, avec le producteur David O. Selznick, qui savait, lui, qui était Saint-Exupéry, puisqu'il avait été, en 1933, le producteur de *Night Flight*. Sans plus de succès. Renoir finira par renoncer définitivement au projet au début de 1942.

Mais sa relation fraternelle avec Saint-Exupéry perdurera. Celui-ci lui envoie, parmi les premiers, un exemplaire de luxe hors commerce de *Pilote de guerre*, à quoi Renoir lui répond, le 2 juin 1942 :

> Tout le monde vous a dit que votre livre était extraordinaire. C'est évidemment vrai. Pour moi il est mieux que cela. Il est le livre que j'aurais écrit si j'avais le courage d'aller honnêtement au fond de moi-même, de péniblement choisir parmi tout le faux un petit peu de vrai, et de le poser tout cru sur la table comme un boucher vous enveloppe une entrecôte avec l'os dans un épais papier jaune[1].

Outre le document exceptionnel et émouvant des enregistrements, conservés dans les Archives Jean-Renoir déposées à l'université de Californie, à Los Angeles (UCLA), dans les Arts Library Special Collections, on trouve, dans le même fonds, un synopsis en anglais, non daté ni signé, intitulé *Scenario based on* Wind, Sand and Stars *by Antoine de Saint-Exupéry*, qui raconte l'épopée de l'Aéropostale française au-dessus de l'Afrique, et s'achève à Dakar. Dans son épilogue, le texte prend en compte la situation présente, à savoir la guerre, qui imposait à l'éventuel tournage des conditions particulières. Le Sénégal faisant partie de l'Empire colonial français (AOF), des combats se déroulèrent en septembre 1940 à Dakar entre les troupes de la France libre, menées par le général de Gaulle, et les forces conduites par le gouverneur Boisson, loyales à Vichy

1. *Ibid.*

et victorieuses. Il faudra attendre novembre 1942 pour que l'AOF rallie le camp des alliés. Voici les conclusions que tire de cette situation le scénariste anonyme : « *Admittedly, such an ending would depend on the actual events, but with the Dakar background, it would be an excellent opportunity to dramatize whatever events take place around the central characters introduced in the movie*[1]. »

Ultime rendez-vous manqué avec le cinéma pour Saint-Exupéry, et non des moindres, celui avec Orson Welles. Les deux hommes s'étaient déjà rencontrés à Londres, à l'automne 1936, durant le tournage de *The Conquest of the Air* dont l'écrivain avait été un très éphémère conseiller technique, alors que l'Américain en était le scénariste. Apparemment, l'œuvre de Saint-Exupéry avait séduit l'acteur-scénariste-réalisateur, célèbre depuis la sortie de son chef-d'œuvre, *Citizen Kane*, en 1941 (il avait 26 ans !) puisque, à la fin 1942, Welles réalise une adaptation radiophonique de *Wind, Sand and Stars* pour CBS. Familier de ce média depuis 1934, Welles y animait des émissions hebdomadaires, voire quotidiennes. Le 30 novembre 1942, dans sa série *Celling Unlimited*, CBS diffuse une émission de 14'50'', *Wind, Sand and Stars* d'après l'œuvre d'Antoine de Saint-Exupéry, où Welles a tout fait lui-même : écriture, réalisation, production, interprétation.

1. Nous traduisons : « Certes, une telle fin dépendrait des événements réels, mais le contexte actuel à Dakar serait une excellente occasion de dramatiser les événements qui se déroulent autour des personnages principaux introduits dans le film. »

Cette adaptation, histoire d'un héros de l'aviation, s'intégrait dans les émissions de propagande de l'Amérique à destination de ses combattants, afin d'entretenir leur moral, ainsi que des Européens anglophones, afin de les rallier à la cause des alliés[1].

Après cela, en 1943, Orson Welles prend contact avec Maximilian Becker, l'agent de Saint-Exupéry, pour acquérir, avec son accord, les droits d'adaptation cinématographiques du *Petit Prince*. Nous possédons le contrat signé par les deux parties, le 16 juin 1943[2]. Le montant est de 12 500 dollars, dont 1 250 dollars (soit 10 %) versés en acompte, représentant une option pour 60 jours. Tout y est, à l'américaine, minutieusement stipulé, par exemple le nombre de diffusions à la télévision. En attendant, Welles se met au travail, et rédige un scénario, conservé à la Lilly Library de l'Indiana University de Bloomington. Il envisage, de façon très moderne, une œuvre « mixte », mi-film, où il interpréterait lui-même le rôle principal de l'aviateur-narrateur, mi-dessin animé, d'où son idée de faire appel au maître du genre, Walt Disney en personne. Une évidence. Une rencontre est organisée à Burbank, Californie, siège de la firme et des plus grandes compagnies cinématographiques américaines. Mais l'entretien se passe

1. L'enregistrement est disponible sur le site internet des archives Welles : https://orsonwelles.indiana.edu/items/show/205.

2. Provenant des papiers d'Orson Welles, document aimablement communiqué à l'auteur par le galeriste-antiquaire Frédéric Castaing, spécialiste des autographes. La succession Saint-Exupéry-d'Agay en a depuis fait l'acquisition.

mal, Disney claquant même la porte en pleine réunion. Conflit d'*ego*. Welles, ulcéré, traitera plus tard Disney de « néofasciste de la Sun Belt ». Le père de Mickey, pour sa part, aurait déclaré : « Deux génies dans la même pièce, c'est un de trop ! » Mais l'homme de *Citizen Kane* ne se décourage pas. Il essaie de mobiliser de nouveaux partenaires, jusqu'en 1944. Mais il doit alors gérer d'autres priorités : son mariage avec Rita Hayworth, un conflit qui l'oppose à la major RKO… Par-dessus tout, il tombe gravement malade, et ne reviendra au cinéma qu'en 1945. Adieu donc, le *Petit Prince*. Un chef-d'œuvre, sans nul doute, n'a pas vu le jour.

Saint-Exupéry s'est ensuite focalisé sur ses démarches pour se faire réintégrer dans l'aviation combattante, et, jusqu'à sa disparition, on ne connaît l'existence d'aucun autre synopsis ou scénario de sa main.

6

« Je suis si las des polémiques… »

Outre le traumatisme de la guerre, de la France occupée et des amis en danger de mort, Saint-Exupéry va très mal vivre, durant ses années américaines, les tentatives – étant donné sa célébrité, sa haute valeur morale, son patriotisme intransigeant et incontestable – de chacun des camps (vichystes, gaullistes, giraudistes, pacifistes, bellicistes…) de le rallier à leur cause, de le récupérer. Il supportera encore plus mal les déchirements entre Français, flagrants dans le microcosme new-yorkais, au milieu duquel il va évoluer, rencontrant énormément de monde, de tous bords, échangeant avec tous, y compris les autorités américaines. La priorité, au début, sera de convaincre les États-Unis d'entrer en guerre aux côtés des alliés. Chose faite le 7 décembre 1941. Puis, pour sa part, de convaincre l'état-major américain de le laisser partir au combat. Cela lui demandera des mois et des mois de démarches, avant qu'il reçoive enfin sa feuille d'embarquement, à la mi-mars 1943. Il souffrira enfin beaucoup, dans l'état psychologique fragile où il se trouve, des polémiques que son attitude, ses prises de position politiques (ou ses « non-prises » de position), lui ont attirées.

André Breton est âgé de quatre ans de plus que Saint-Exupéry. Sans être vraiment des amis – trop de choses, d'idées, de conceptions de la vie et du monde les séparent –, ils se sont connus à Paris dans les années 1930, appartiennent au même milieu littéraire, gravitent autour de la *NRF*, dont ils sont tous deux auteurs. Le mariage de Tonio avec Consuelo a renforcé ce lien, puisque, artiste, la jeune femme a fréquenté l'*intelligentsia* surréaliste. Dès son installation à New York (où elle est arrivée le 12 décembre 1941), elle recevra Breton, débarqué pour sa part le 14 juillet de la même année[1], ainsi que Max Ernst, Marcel Duchamp, André Masson, Yves Tanguy, Joan Miró, Salvador Dalí… Cette fréquentation justifie le « Cher ami » que Saint-Exupéry donne à Breton dans les trois lettres[2] qu'il lui a écrites, l'une probablement au printemps 1942, les deux autres à l'automne. Mais la deuxième, la plus longue, la plus intéressante, la plus dure, n'a pas été envoyée, et seule la troisième est datée, du 15 octobre 1942.

Dès sa création dans les années 1920, issu de la matrice anarchisante du mouvement dada de Tristan Tzara, le surréalisme (Breton, Éluard, Aragon, Soupault et tant d'autres) s'est fait connaître par sa volonté de

1. Il y demeurera d'ailleurs « en exil » jusqu'au 25 mai 1946, voyageant beaucoup, au Mexique, aux Antilles…
2. Publiées dans Antoine de Saint-Exupéry, *Écrits de guerre*, in *Œuvres complètes*, *op. cit.*

rupture avec « l'ancien monde », ses valeurs et ses institutions (l'Église, l'armée, l'Académie française...), de façon radicale, provocatrice, voire agressive. Certains écrivains en ont fait les frais, comme Anatole France. Sa mort, en 1924, est saluée par le groupe d'un pamphlet collectif, intitulé « Un cadavre », d'une violence inouïe. Les surréalistes n'hésitaient pas à faire le coup de poing contre tous ceux qui ne leur revenaient pas, ou dont les idées étaient jugées par eux inadmissibles.

D'un point de vue politique, l'anarchisme esthétique et absurde du début a cédé la place à un engagement à gauche toute, puis à une mise du surréalisme « au service de la Révolution », dans les rangs du Parti communiste auquel ils adhèrent en 1927. Nombreux en reviendront (mais pas Éluard ni Aragon, qui rompra d'ailleurs avec ses anciens amis, exclu du mouvement surréaliste dès 1931), notamment lors de la signature du pacte germano-soviétique par Hitler et Staline (représentés par leurs ministres des Affaires étrangères von Ribbentrop et Molotov), le 23 août 1939. Au sein du groupe, Breton, surnommé « le pape du surréalisme », faisait régner une discipline de fer, prononçait les oukases, les exclusions, parfois musclées, sans jamais se remettre lui-même en cause. Quoique auteur de la *NRF*, ses rapports avec la maison étaient compliqués, notamment avec Gide, envers qui il fit souvent preuve d'une rare ingratitude. Il l'a reconnu par la suite. Mais il est évident que Saint-Exupéry et lui, en dépit de la cordialité de leurs rapports, et de la profonde gentillesse du second, étaient à des années-lumière l'un de l'autre. Ils n'avaient pas les mêmes origines, la même formation, les mêmes valeurs.

L'histoire de la pseudo-nomination de Saint-Exupéry par Vichy au sein du Conseil national voulu par Pétain fut le détonateur de leur différend. Né le 22 janvier 1941 (sur une idée de Pierre-Étienne Flandin vite « remercié » au profit de l'amiral Darlan), disparu des radars en 1943, ce Conseil national était une assemblée consultative de 500 membres (dont 350 nommés directement par le chef de l'État), une « vaste cellule de réflexion » se substituant au Parlement. On y trouvait en majorité de nombreux anciens députés et sénateurs, des élus locaux, des représentants des « forces vives » de la nation (notamment des syndicalistes), et quelques rares écrivains, dont le très collaborateur Abel Bonnard, de l'Académie française. On comprend bien la tentative de récupération, et l'impact considérable qu'aurait eu sur l'opinion française et mondiale le ralliement du célèbre écrivain. À l'évidence, Saint-Exupéry n'avait rien à faire avec ces gens. Mais ce malentendu lui pèsera comme un boulet.

Pourtant, dès le 31 janvier 1941, il rédige et publie un communiqué très net pour dénoncer cette « nomination ». Il donne une conférence de presse au Ritz Carlton de New York, et fait paraître un article sans ambiguïté dans le *New York Times*. Le 8 février, Breton passe la soirée chez Consuelo, au cours de laquelle Tonio, comme à son habitude, lit certains de ses textes. On ignore lesquels, sans doute des passages de *Pilote de guerre*. Dès le lendemain, il reçoit une lettre vipérine de son invité, qui lui adresse de graves reproches : « Vous n'avez pas démissionné clairement du “Conseil national”. » Et de poursuivre : « Est-ce ma faute si vous n’êtes pas seulement l’auteur de très beaux livres et au privé un homme des plus émouvants mais aussi quelqu’un d’autre de *très* influent et de très agissant dont le pouvoir peut s’exercer – et sans doute s’exerce – à rebours de tout ce que pour ma part je juge nécessaire[1]. » On imagine la réaction de Saint-Exupéry, et son incompréhension. D’autant que Breton était, comme lui, très lié à Pierre Lazareff, lequel l’avait engagé comme speaker de « La Voix de l’Amérique », section de l’OWI (Office of War Information).

S’ensuit néanmoins une brouille. Au printemps, il est question d’un déjeuner, auquel Breton ne se rendra pas, ainsi qu’il l’a dit à Consuelo. Tonio, dans sa première lettre envoyée, revient longuement sur ce point, et s’en montre mortifié : « L’objet du litige m’est incompréhensible. » Puis il proteste longuement de ses qualités d’ami, sur un ton direct et non sans humour : « L’amitié est pour moi la chose la plus paisible du monde parce que je ne comprends rien aux malentendus. [...] Je n’ai jamais été vexé ni froissé de ma vie et ne me suis jamais brouillé avec personne au monde. [...] J’aime trop ma liberté pour léser jamais celle des autres. » Et, avant un « croyez en mon amitié », il conclut : « Si vous débarquez chez moi pour m’emprunter ma salle de bains, me faire lire un texte ou déjeuner, vous serez reçu. S’il se trouve que ce jour-là, ça m’emmerde, je vous le dirai. » L’affaire, somme toute une broutille, aurait dû en rester là.

1. Voir André Breton, *Œuvres complètes*, tome III, *op. cit.*

Mais, en juin 1942, paraît le premier numéro (il y en aura trois en tout, jusqu'en 1944) de *VVV* (*Triple V*), revue surréaliste américaine, en anglais, éditée par David Hare, avec, dans son comité de « conseillers », André Breton, Marcel Duchamp, Max Ernst et René Etiemble. Celui-ci, né en 1909, était un brillant universitaire, un intellectuel engagé contre le fascisme, ami de Malraux, qui avait été communiste (et même stalinien, comme il l'avouera plus tard) jusqu'en 1936. Un graphomane éclectique également, qui signait simplement « Etiemble ».

Au sommaire de *VVV*, entre autres, les « Prolégomènes à un troisième manifeste du surréalisme ou non », et un article d'Etiemble, où il dézingue méchamment *Pilote de guerre*, paru quatre mois auparavant et salué de façon unanime par la critique américaine comme un « chef-d'œuvre ». L'attaque, perfide, dialectique, s'articule dans une double direction : « La construction de *Pilote de guerre* et le style que s'autorise l'écrivain ne sont pas simplement des défauts techniques – ils sont le symptôme d'une faiblesse de moralité »[1]. Littéraire d'abord, l'attaque glisse sur le terrain de la morale, et vire enfin à la condamnation politique *ad hominem* :

> De la part d'un héros qui se vante d'avoir été un homme de gauche au temps du Front populaire, n'est-ce pas faire preuve d'un comportement de droite que de renoncer à la démocratie, de jouer le jeu du défaitisme réactionnaire en refusant de juger les

---

1. Document reproduit et cité dans Antoine de Saint-Exupéry, *Du vent, du sable et des étoiles*, *op. cit.*, p. 941.

> traîtres et de réinventer les mérites de la civilisation catholique, héritière de Dieu au moment où Pétain calomnie la démocratie, se prostitue aux nazis.

Et il conclut, *in cauda venenum*, par : « Commencez avec le grand prix de l'Académie française, et vous finissez en suppliant les Japonais de "protéger Madagascar" : regardez Montherlant ! »

Mis à part un certain nombre d'outrances, on retrouve là les haines recuites des surréalistes contre un certain nombre d'institutions, ainsi que toute leur virulence. Quant à la mention d'Henry de Montherlant, elle n'est évidemment pas exempte d'arrière-pensées. L'écrivain, né en 1895, avait été l'un des rares à s'opposer aux accords de Munich. Durant la « drôle de guerre », il avait été correspondant sur le front pour le journal « de gauche » *Marianne*, celui de Gaston Gallimard, son éditeur. Choqué par l'invasion allemande et l'effondrement du pays, il avait manifesté quelque sympathie pour la « Révolution nationale » de Pétain de 1941 à 1942. Il ne s'exprima plus durant le reste de la guerre, n'a jamais participé au Conseil national, ni collaboré en quoi que ce soit. Mais il ne fut pas non plus résistant, et n'aimait pas de Gaulle ! Pour Etiemble et son patron, l'amalgame Montherlant-Saint-Exupéry était tout trouvé, et destiné à frapper l'opinion.

En tout cas, cet article a profondément meurtri et indigné Saint-Exupéry, lequel a éprouvé le besoin d'écrire une deuxième lettre à Breton, restée non envoyée. Peut-être cela valait-il mieux, car elle est d'une violence rare chez lui. « Ma lettre sera un peu sèche », prévient-il dès l'abord son « cher ami ». Doux euphémisme.

Dans un premier temps, il se justifie politiquement, ayant manifesté son anti-nazisme de la seule façon qu'il conçoive : « Donc d'abord, je me suis battu. » Tandis que d'autres signaient des manifestes... Il accuse ensuite Breton et ses amis, dont il rattache les positions à « l'anarchisme de type catalan », de n'être pas « anti-nazistes », dans la mesure où ils s'opposent à ce qui pourrait permettre de renverser le cours de la guerre : « Les armements des Français ; l'union des Français ; l'esprit de sacrifice des Français. » « Votre action, poursuit Saint-Exupéry, [...] eût pu être souhaitée par Goebbels lui-même. » Il parle de trahison. Protestant ensuite de son respect absolu pour la liberté d'autrui, il attaque son contradicteur avec une véhémence qui l'étonne lui-même et qu'il dit « regretter ». Mais ses mots font mouche :

> La liberté de penser comme André Breton ne me suffit pas. Vous vous réclamez, certes, de la lutte pour la liberté. Mais je vous refuse absolument ce droit. Vous êtes l'homme le plus intolérant que je connaisse.

Il attaque ensuite Breton sur un certain nombre de ses provocations, notamment une photographie de Benjamin Péret insultant un prêtre, ce qu'il considère comme une injure faite à la religion catholique, la sienne, et à son Église. Concernant l'affaire de sa « nomination » au Conseil national de Vichy, il se disculpe à nouveau, citant son communiqué paru dans le

New York Times[1], et menace Breton d'un procès en diffamation pour « toute diffusion de votre baliverne ». Il termine, en prenant de la hauteur, par un superbe : « Je crois aux actes, non aux grands mots. » Il valait mieux, on le voit, que cette philippique ne soit pas envoyée. On imagine la réaction de Breton.

L'affaire a dû finir par retomber. Mais, quelques mois plus tard, le 15 octobre, dans sa troisième lettre à Breton retrouvée, et datée celle-là, Saint-Exupéry insiste, prenant acte de leurs divergences : « Je suis tel que je suis. Votre lettre ne me changera pas. Vous êtes tel que vous êtes. Je ne vous changerai pas non plus ». Mais il tend la main à son « cher ami », dont il constate et déplore la solitude dans son exil new-yorkais : « Venez déjeuner avec simplicité ! » Et de conclure :

> Vous habitez à New York, un panier de crabes. Si vous aimez l'air pur, venez respirer un bon coup. On vous grillera un poulet. C'est ça, la civilisation. On ne condamne personne chez moi pour un mot qu'il a prononcé ou une connerie qu'on a racontée sur lui. On y ignore les délits d'opinion. Vous n'êtes pas heureux : venez vivre quelques heures humaines.

Comment ne pas aimer cet être-là, sensible (il a vraiment souffert de tout ce cirque, et de cette fâcherie avec quelqu'un qu'il aimait et estimait quand même), droit dans ses convictions, prêt à défendre ses valeurs jusqu'à la mort, capable aussi d'ironie vacharde, mais également drôle, généreux, et par-dessus tout *humain* ?

---

1. « J'aurais décliné la présente nomination si j'avais été consulté. »

On pourrait croire qu'après sa polémique avec Breton[1], Saint-Exupéry en aurait fini avec cette histoire de Conseil national. Pas du tout. Une autre va suivre, plus cordiale dans la forme, mais peut-être plus grave en termes de contenu, et qui le fera tout autant souffrir, celle avec Jacques Maritain, déclenchée par l'« Appel aux Français » lancé par Saint-Exupéry sur les ondes de la NBC le 29 novembre 1942. Le texte sera publié le même jour dans le *New York Times Magazine*, sous la forme d'une lettre ouverte, en anglais, titrée : *An Open Letter to French Men Everywhere.*

Saint-Exupéry y prend acte de l'invasion par les Allemands de la zone « non-o » : « La France n'est plus que silence. Elle est perdue quelque part dans la nuit tous feux éteints, comme un navire[2]. » Il pense avant tout aux 40 millions de ses compatriotes, « là-bas, à digérer leur esclavage », et relativise le rôle des Français de l'extérieur, dont le sien : « Nous ne représentons pas la France. Nous ne pouvons que la servir. » Il lance alors son véritable appel : « Français, réconcilions-nous pour servir. » Et se lance ensuite dans de longues explications sur le « malaise français. Un malaise grave ». Il prend acte de l'armistice, inévitable

1. Polémique qui ne se limite pas aux aspects politiques : dans une lettre à Consuelo de 1942, Saint-Exupéry critique Breton et l'esthétique surréaliste, opposant, à la création spontanée et ce qu'il appelle le « tableau par heure », l'apprentissage artistique, « [l']œuvre qui dure le temps qu'on a mis dedans ».

2. Texte repris dans *Écrits de guerre*, *op. cit.*, suivi de la réponse de Jacques Maritain.

à ses yeux. Et salue le récent débarquement des alliés en Afrique du Nord, source d'espoir. Il assène que, depuis « l'occupation totale allemande », « Vichy est mort », et appelle à la mobilisation des Français des États-Unis, de 18 à 48 ans, s'y incluant, donc. Il stigmatise à nouveau les « litiges » politiques entre Français, dangereux facteurs de « désunion » : « Haïssons les partis, les clans et les divisions. » Ensuite, il appelle à « obéir aujourd'hui à des chefs militaires, plutôt qu'à des chefs politiques », parce qu'un soldat est au service de la nation. « Nous savons du général de Gaulle, comme du général Giraud, ce qu'ils pensent sur l'autorité : ils servent. » Sous-entendu : quel que soit le militaire choisi, chaque Français devra le suivre. Lui compris.

Il invite enfin les Américains à ne pas « considérer un peu les Français comme un panier de crabes », la majorité silencieuse valant mieux que les bruyants polémistes. Et les Français des États-Unis à exprimer aux autorités américaines (en l'occurrence le secrétaire d'État Cordell Hull) leur volonté de servir, *via* la mobilisation générale. Il conclut par une nouvelle objurgation : « Français, réconcilions-nous », avant de terminer sur la célébration de la fraternité des pilotes qu'il a vécue, en 1940, savourant son Pernod en jouant aux cartes avec « un camarade royaliste », « un camarade socialiste », ou « le lieutenant Israël[1], qui était le plus courageux d'entre nous et qui était juif ».

1. L'aviateur Jean Israël (1913-1955), ami de Saint-Exupéry, est l'un des héros de *Pilote de guerre* et une réplique vivante à tout antisémitisme.

Le 19 décembre, Jacques Maritain publie dans *Pour la victoire*, le journal des gaullistes d'Amérique, sa réponse à cet « Appel aux Français », sous le titre « Il faut parfois juger ». Par courtoisie amicale, Maritain remet son texte en amont à Saint-Exupéry, à qui il offre la possibilité de réagir. « Il faut parfois juger » paraît donc, accompagné d'une courte réponse de Saint-Exupéry, dans laquelle celui-ci précise certains points, résultant d'erreurs de traduction entre le français et l'anglais, et insiste sur une phrase d'importance qu'il a ajoutée dans la version américaine : « Quel que soit le nom de celui, Giraud ou de Gaulle, qui sera officiellement choisi comme chef militaire provisoire, unissons-nous en lui. » C'est la première fois que « l'anti-gaulliste » évoque la possibilité de son ralliement à l'homme du 18 juin. On notera cependant que son nom vient en second, après celui de son rival potentiel.

Mais Jacques Maritain n'est pas André Breton. Né en 1882 dans une famille anticléricale protestante, marié à une juive russe, Raïssa, il se convertit au catholicisme en 1902. Il deviendra philosophe, théologien, l'un des représentants du thomisme en France, auteur d'une œuvre considérable, traduite dans le monde entier. Un temps proche de Maurras et de l'Action française, il s'en éloignera à cause de leur antisémitisme. Il est connu pour ses liens avec les grands auteurs catholiques du XXe siècle, Mauriac, Claudel, Bernanos, et a souvent joué les convertisseurs dans le milieu intellectuel parisien : il a, en

---

Saint-Exupéry, non sans malice, évoque à pas moins de douze reprises sa judéité, et son extraordinaire « nez juif ». C'est l'une des raisons de la censure du livre par les autorités allemandes.

particulier, longuement « travaillé » Gide. En vain. Une relation compliquée par l'homosexualité réelle ou supposée de Maritain[1]. Dès 1940, il s'oppose au régime de Vichy, part pour l'exil new-yorkais, mais ne devient pas pour autant tout de suite un gaulliste fervent. Il refusera, en particulier, en 1942, de faire partie du Conseil national que le Général souhaitait mettre en place. Comme le diplomate Alexis Leger, *alias* Saint-John Perse, également réfugié aux États-Unis. Après la guerre, Maritain sera nommé ambassadeur auprès le Saint-Siège, à Rome.

Le ton employé par Maritain sera donc courtois, mais ferme : « Antoine de Saint-Exupéry a touché un certain nombre de points sur lesquels je désire m'expliquer à mon tour. Car sa "lettre ouverte" mêle le vrai et le faux avec une grande éloquence. » S'ensuit une démonstration copieuse, précise, où, en dépit de leurs valeurs communes, et de leur amitié, il « regrette d'être en désaccord avec un homme [qu'il] estime ».

Maritain note dès l'abord que « cette lettre a été écrite avant l'apparition de Darlan sur la scène politique en Afrique du Nord ». L'amiral résolument collaborationniste, qui fut ministre de Pétain, avait en effet tenté de rallier à lui ce qu'on appelait encore « l'Empire français », avec un certain nombre de soutiens, dont, un temps, celui des Américains. Mais son assassinat, le 24 décembre 1942 à Alger, mettra un terme à cette sinistre aventure. C'est sur le général Giraud que se reporteront ses partisans.

1. Voir Jean-Luc Barré, *Les Mendiants du ciel. Jacques et Raïssa Maritain*, Paris, Stock, 1995.

Après avoir salué la « droiture » et la « générosité » de Saint-Exupéry, Maritain appelle, lui aussi, les Français, à l'union dans le combat contre l'Allemagne, et à la réconciliation. Mais, à ses yeux, cette espèce d'« union sacrée » ne doit pas inclure ceux qui se sont compromis avec le régime de Vichy, acceptant « l'abjecte idéologie de l'ennemi ». Contrairement à son interlocuteur par lettre interposée, il ne considère pas l'armistice comme une mesure inéluctable, voire bénéfique. « Les hommes de l'armistice n'avaient pas foi dans le peuple de France ni dans la vocation de la France », écrit-il, reprochant à Saint-Exupéry à plusieurs reprises sa méconnaissance des dossiers, et de la politique en général, et, surtout, de ne pas vouloir « s'ériger en juge ». Or, comme le titre de son article l'indique clairement, « il faut parfois juger », et donc condamner. Il lui reproche aussi d'ignorer la situation exacte en France, le travail de la Résistance, et de se focaliser uniquement sur les Français des États-Unis, invités à s'enrôler dans les forces combattantes. Maritain se projette dans l'avenir, après la victoire et la libération, quand ce sera au peuple français de « se prononcer librement sur la constitution de sa nouvelle république », sans aucun « replâtrage » possible de l'ancien régime.

Il termine en appelant les Français unis à se battre aux côtés des alliés, et à rejoindre leur chef, « qui a dit non à l'ennemi dès le premier jour ». « Avec quelques compagnons, écrit-il clairement, de Gaulle a relevé l'honneur de la France. » Après une dernière allusion à Darlan, et son « obédience » différente, il réitère son appel à l'union, demande aux alliés d'avoir « confiance » dans « le peuple de France », et achève son texte sur l'espoir des peuples en la victoire et la liberté. On ne saurait être plus clair, y compris sur le gaullisme.

Dans sa courte réponse, Saint-Exupéry, après avoir remercié Jacques Maritain de son *fair-play*, précise n'avoir « jamais souhaité aucune absolution pour des actes de lâcheté ou de trahison quels qu'ils fussent », ni qu'après la guerre ce soit aux alliés de « décider de la forme du futur gouvernement de la France », mais à la France seule. L'écrivain rappelle son ajout, dans la version originale, d'une phrase capitale et explicite : « Quel que soit le nom de celui, Giraud ou de Gaulle, qui sera officiellement reconnu comme chef militaire provisoire, unissons-nous en lui ». Il prend enfin acte des nombreux désaccords qui demeurent entre les gens de *Pour la victoire* et lui, et les remercie d'avoir eu « l'élégance » de lui permettre de s'expliquer dans leurs colonnes.

On pourrait croire l'affaire réglée, mais ce n'est pas le cas. Dans la foulée, Saint-Exupéry adresse une longue lettre à Maritain, où, après avoir salué les qualités morales de son contradicteur, confié « avoir lu tous [ses] livres avec une sorte d'amour », il se dit « désespéré par [son] intervention ». Dans la mesure où les lecteurs de *Pour la victoire* n'ont pas eu sous les yeux son « papier », il estime qu'ils ne sont pas en mesure de juger sur pièces, que sa pensée a été *de facto* dénaturée par Maritain, et que la haute autorité morale de celui-ci incitera l'opinion à douter de son « esprit de justice », de sa « droiture », de son « désintéressement » et de sa « probité ». Ce n'est plus ici, pour Saint-Exupéry, homme blessé, un problème de confrontation d'opinions, d'idées, mais une faute morale, une question d'honneur. Il se sent trahi, méjugé, condamné d'avance sans avoir pu s'expliquer, se défendre, « et ceci [lui] est intolérablement cruel ». Il revient encore une fois sur son passé de combattant, et se fait solennel. Regardant Jacques Maritain « droit dans les yeux », il « engage tout simplement et en totalité [sa] parole d'homme, [sa] conscience de chrétien, et l'honneur de [son] nom sur ce que jamais, à aucun titre, sous aucun angle, [il n'a] eu de liens avec Vichy ». Phrase magnifique, comme celle-ci : « Jamais je n'ai pensé "Vichy". J'ai pensé France. » Après quoi, il se justifie encore longuement, explicite sa pensée et ce texte « écrit pour les non-gaullistes », avant de réitérer : « Vichy est mort. Le problème Giraud-de Gaulle est ridicule. Si le général de Gaulle est choisi pour représenter toute la France nous nous rallierons à lui sans arrière-pensée. Nous oublierons tous nos reproches. » Malheureusement pour lui, son éventuel ralliement se voit pondéré par les lignes suivantes : « De même servirons-nous avec enthousiasme, le cas échéant, sous Giraud. » Certes, Saint-Exupéry demeure honnête avec lui-même, mais ce balancement permanent, ces explications techniques et quelque peu confuses lui ont beaucoup nui dans les milieux gaullistes, et, *post mortem*, auprès de certains critiques qui l'ont catalogué comme « complaisant » sans l'avoir lu. Déjà, à Maritain, Saint-Exupéry réclamait simplement « justice ». Et d'être lu sans parti pris.

7

Les Français d'Amérique, un « panier de crabes »

On peut estimer que la politique au sens large, les rivalités et les luttes qui ont déchiré la communauté française des États-Unis durant la guerre, ont empoisonné le séjour américain de Saint-Exupéry.

Contrairement à Gide ou Malraux, il ne peut être qualifié, avant-guerre, d'écrivain « engagé ». En revanche, il partageait avec ses amis de la *NRF* la détestation du fascisme (voir ses reportages durant la guerre d'Espagne), et il était, comme eux, proche des idées du Front populaire (Léon Blum était un ami de Gide depuis leur jeunesse), voire au-delà. Ce touche-à-tout qui s'intéressait à nombre de domaines, y compris les plus inattendus (magie, mathématiques, mécanique...) a laissé un certain nombre de textes que l'on pourrait qualifier d'économico-socio-politiques, où il exprime sans ambiguïté des conceptions que les Soviets n'auraient pas désavouées. Ainsi, dans « Capitalisme (élément nouveau) », il élabore un modèle de société « idéale » quasiment communiste :

> La terre appartient à l'État qui a le droit de l'exploiter ; toute maison de rapport, hôtel, etc., appartient à l'État

> et son propriétaire devient gérant (appointé par l'État, recettes versées à l'État). La maison de plaisance appartient au propriétaire, qui peut la vendre, la louer ou l'échanger. Le jardin et la chasse appartiennent au propriétaire. (Si les fruits de la terre sont vendus à l'extérieur, le propriétaire devient gérant et touche de l'État un pourcentage sur les recettes qui sont versées à l'État)[1].

André Breton, lors de leur polémique de 1942, qualifia quasiment Saint-Exupéry de renégat, de traître à ses idées de gauche. Ce que celui-ci avait très mal vécu.

À l'origine, donc, il n'y avait aucune raison pour qu'il se fasse autant d'ennemis, de tous bords, parmi ses compatriotes en exil. On estime cette communauté à 500 000 individus en tout, la grande majorité installée depuis longtemps. Huit à neuf mille autres sont arrivés sur le sol américain entre 1940 et 1942, hommes politiques, artistes, universitaires, écrivains, cinéastes, patrons… La plupart étaient « légitimistes », fidèles au Maréchal. Mais pas forcément favorables à la collaboration. Peu d'entre eux avaient adhéré à la France libre, « lointaine abstraction londonienne »[2].

Ce qui a causé un tort considérable à Saint-Exupéry, c'est cette prétendue nomination au Conseil national par le gouvernement de Vichy en janvier 1941. On a vu comment il s'en était défendu, sans ambiguïté. Il n'empêche que cette affaire lui a collé aux basques, et valu de solides inimitiés, tant du côté des intellectuels de son bord, « de

1. Texte inédit, archives de la succession Saint-Exupéry-d'Agay.
2. Voir Saint-Exupéry, « *Cher Jean Renoir* », *op. cit.*

gauche » pour faire simple, que des milieux gaullistes. Hostilité avivée par certaines de ses opinions affichées : « Nous ne représentons pas la France. Nous ne pouvons que la servir », écrivit-il par exemple, et par son obstination à ne choisir aucun camp, à prêcher la concorde, la réconciliation, l'unité nationale face à l'adversité et même une fois la liberté revenue, dans ses différentes prises de position[1].

Avec le recul du temps, on ne comprend plus comment certains ont pu penser que ce patriote intransigeant, qui ne rêvait que d'aller se battre pour sa patrie, bien conscient qu'il risquait de n'en pas revenir, ait pu être suspecté de complaisance envers ceux qu'il appelait les « nazistes ». N'oublions pas que *Pilote de guerre* fut interdit de vente en France en 1942.

Bien sûr, il y a ces phrases sur de Gaulle et ses partisans, qui ont du mal à passer : « Ce groupe de "particuliers" se prend pour la France [...] il prétend tirer comme bénéfice de gérer la France de demain ! » Ce qui n'était pas si mal vu. Mais Saint-Exupéry n'est jamais tombé dans les excès de son ami Jean Renoir, qui lui écrivait, depuis Hollywood, en juin 1942 : « Je hais les Français d'Amérique [...]. Je déteste surtout les Gaullistes. Parce que les Pétainistes au moins essayent de défendre le modeste os à moëlle qui échoit normalement à un fonctionnaire[2] », etc. Heureusement, Renoir était meilleur cinéaste que penseur...

---

1. Voir *Écrits de guerre*, *op. cit.*

2. Correspondance Renoir/Saint-Exupéry, en annexe de « *Cher Jean Renoir* », *op. cit.*

Quant à l'attitude de De Gaulle, elle est également complexe. Plusieurs fois, le chef de la France libre a demandé à ses amis s'il n'était pas possible de rallier Saint-Exupéry à sa cause, qui s'en serait trouvée illustrée, l'auteur de *Terre des hommes* étant célèbre et populaire. En vain. On sait qu'un an après la mort de l'aviateur-écrivain, le Général fit célébrer dans la cathédrale de Strasbourg un hommage à sa mémoire – mais il semble bien qu'il n'y ait pas assisté. Plus tard encore, il regrettera d'avoir refusé de le recevoir, à Alger, alors que celui-ci le lui avait demandé.

Un témoignage de première main, peu connu et incontestable, vient relativiser tout cela. « Peu de jours avant son dernier départ – c'est-à-dire à Alger, début 1944 – Saint-Exupéry assistait à une séance de l'Assemblée consultative où parla le général de Gaulle. Il fut frappé par son calme, la lucidité de ses vues, la pertinence et l'habileté persuasive de son argumentation et fit part de son étonnement à un intime, qui le vit au sortir de cette réunion, ajoutant : “Il est évidemment plus fort, plus sage et plus grand que je ne m'attendais à le voir.” »

On ignore qui est cet « intime ». En revanche, le témoin qui raconte n'est autre qu'André Gide, réfugié en Afrique du Nord durant la guerre. Gide ne saurait être partial : il ne faisait pas partie des rangs gaullistes, et il n'a que peu connu le Général, à qui il s'était cependant rallié dès le 24 juin 1940, ainsi qu'en atteste son *Journal* : « Comment n'approuver point Churchill ? Ne pas donner de tout son cœur son adhésion au général de Gaulle[1] ? » Et il n'extrapole pas sur un éventuel ralliement. Il rapporte simplement les faits dans un article en hommage à son ami, paru dans *Le Figaro* du 1er février 1945[2]. Gide laisse entendre que, s'il avait vécu, Saint-Exupéry aurait peut-être changé de position, revenant sur « la véhémente prévention » qu'il éprouvait à l'égard du Général.

Celui-ci, pour sa part, aurait pu ajouter le nom de l'auteur du *Petit Prince* à la liste idéale de grands écrivains, comme Gide et Malraux, destinés à renouveler l'Académie française, dont plusieurs membres s'étaient gravement compromis avec Vichy et les Allemands durant la guerre et l'Occupation – à commencer par un certain Philippe Pétain… La destinée et un artilleur allemand en ont décidé autrement.

---

1. André Gide, *Journal (1939-1949) – Souvenirs*, Paris, Gallimard, coll. « Bibliothèque de La Pléiade », 1954.

2. Le texte a été repris ensuite sous la forme d'une plaquette rare, intitulée *Saint-Exupéry par André Gide*, tirée à 51 exemplaires en janvier 1951 par les Éditions Dynamo, P. Aelberts Éditeur, à Liège. C'est le dernier livre de lui que Gide a pu voir de son vivant.

8

« Otage » à Montréal ?

C'est au printemps 1942 que se situe ce qu'on peut appeler « l'épisode canadien », le plus farfelu des années américaines de Saint-Exupéry. Qui se terminera bien, mais révèle le profond désarroi, physique et moral, dans lequel il se trouvait à ce moment-là.

Le 28 avril, Saint-Exupéry quitte New York – en train ou en avion, ses biographes ne s'accordent pas sur ce point – pour Montréal, cédant aux sollicitations réitérées de Bernard Valiquette, son éditeur canadien. Ce dernier avait déjà publié ses grands livres dans des éditions « pirates », fac-similés de celles parues chez Gallimard, mais avec la mention « Imprimé au Canada/*Printed in Canada* ». C'est chez cet éditeur que paraîtra encore *Pilote de guerre*. Autre lien avec le pays, Saint-Exupéry avait accepté de préfacer le livre d'une Canadienne, Helen Mackay, qui avait vécu en France et consacrait à son pays d'adoption une véritable déclaration d'amour intitulée *La France que j'aime*. « Helen MacKay rend ainsi à mon pays un hommage extraordinaire puisque, malgré la défaite, malgré le silence, il demeure si vivant qu'il continue ainsi d'inquiéter le cœur[1] », écrivait-il. L'ouvrage paraît justement en 1942.

Saint-Exupéry arrive à Montréal le 29 avril, en principe pour deux jours, afin de donner deux conférences. Il est parti un peu vite, seul, sans passeport ni visa, pensant que tout était en règle. On le loge à l'hôtel Windsor, où il passera le plus clair de son temps. C'est un somptueux palace début XXe siècle, au 1170 rue Peel, en plein centre de la ville, tout près de la basilique-cathédrale Marie-Reine-du-Monde, un imposant édifice néoclassique. C'est au Windsor qu'a été fondée, en 1917, la Ligue nationale de Hockey. En face, de l'autre côté d'un beau jardin, Dorchester Square, orné d'une statue dédiée aux héros canadiens tués durant la guerre menée par l'Empire britannique contre les Boers d'Afrique du Sud (1899-1902), l'écrivain peut voir de ses fenêtres l'impressionnant building Art déco de la compagnie financière Sun Life, 1155 Metcalfe Street, avec son somptueux hall tout en marbre noir. Au fond de la place, sur sa gauche, un autre palace, Le Dominion, avec ses portes d'ascenseur en bronze classées. Un bar éponyme, ouvert en 1927, complétait cet ensemble architectural exceptionnel.

Le bar est aujourd'hui fermé, on espère que sa façade Art déco est classée. Le Dominion et le Sun Life abritent des bureaux. Le Windsor, lui non plus, n'est plus un hôtel. Un autre bâtiment, qui lui était accolé, a brûlé. Les chambres ont toutes été transformées en

1. Helen Mackay, *La France que j'aime*, Paris, Variétés, 1942.

bureaux. L'ancienne réception, dans le salon Crystal restauré, a conservé ses appliques, son comptoir en acajou. D'autres salons rococos se louent pour des réceptions, des mariages chics, comme le jour où nous sommes passé. En revanche, nul ne sait où se trouvent les archives de l'hôtel, où figure peut-être la signature de Saint-Exupéry. Auraient-elles brûlé ? Au Nouveau Monde, le patrimoine est bien moins protégé que chez nous.

Dès son arrivée, Saint-Exupéry donne une conférence de presse. Les journalistes tentent de l'entraîner sur le terrain politique. À leur grand dam, il les entretient de sa façon de manier la syntaxe ! Il accorde aussi quelques interviews, puis prononce sa première conférence. Malgré les comptes-rendus publiés dans la presse locale, on en ignore le contenu exact. On sait juste, grâce au témoignage d'Annette Doré, qui était dans la salle, qu'il tient des propos modérés : « Étranger à la chamaille, rapporte-t-elle, [il] s'attachait seulement, mais avec une probité scrupuleuse, à rendre compte du drame dont il sortait à peine : "Je n'ajouterai pas à ce qui défait", avait-il dit. »

Saint-Exupéry prononce ensuite sa deuxième conférence, au Plateau, le 1er mai, dont un compte-rendu paraît le lendemain dans le quotidien montréalais *Le Devoir*. À cette conférence, assiste un certain Charles de Koninck. Né en Belgique dans une famille flamande catholique de Louvain, il s'était installé à Québec, où il enseignait la philosophie à l'université. Il était également l'auteur d'essais dont l'un, *Le Bien commun*, prônant la primauté de l'intérêt collectif sur l'intérêt individuel, n'était pas éloigné de certaines idées de Saint-Exupéry. Il invite aussitôt l'écrivain à venir à Québec, donner une autre conférence, au Palais Montcalm, le 4 mai. Ce qu'accepte et fait Saint-Exupéry, qui quitte Montréal pour Québec. Après quoi, de Koninck l'invite à une réception avec quelques-uns de ses collègues de l'université, et à loger dans sa maison.

Nous avons la chance d'avoir encore parmi nous un témoin de cette soirée du 4 mai 1942, Thomas de Koninck, le fils aîné des onze enfants de Charles, né en 1934. Huit ans à l'époque, 89 aujourd'hui, mais le vieux monsieur, qui fut lui-même professeur de philosophie à l'université Laval à Québec, possède toujours une mémoire prodigieuse, une grande vivacité d'esprit, et beaucoup d'humour. Il raconte, et c'est comme si on était transporté dans le temps :

> Je me souviens très bien de Saint-Exupéry. De sa taille impressionnante[1], et de sa voix grave, chaleureuse. On éprouvait tout de suite pour lui de l'affection. Il s'était assis avec nous, les enfants (nous étions quatre à l'époque), à l'écart des adultes, et nous a fabriqué de petits avions en papier. Il nous a montré des dessins… Il est devenu notre ami cher tout de suite. Il était « de notre bord », à nous, les jeunes, fascinés par son métier d'aviateur. Un héros. À un moment, il a soumis une énigme mathématique à Adrien Pouliotte, un mathématicien éminent, ami de mes parents. Et Saint-Exupéry était tout content parce qu'il n'était pas arrivé à la résoudre ! Mon père l'admirait beaucoup, et je sais qu'ils sont restés en contact, qu'ils se sont

1. 1m82 d'après son passeport argentin.

> écrit. En ce qui concerne le sujet de la conférence, il m'a dit, plus tard, qu'il concernait « la situation en France », sans plus de détails. Saint-Exupéry avait su rester modéré dans ses opinions. J'ai lu *Le Petit Prince* assez tôt, avec beaucoup d'émotion, et je peux le relire encore. C'est un livre qui touche des cordes chez tout le monde. J'ai aussi beaucoup d'admiration pour *Citadelle*, où il y a des passages très profonds. Pour moi, Saint-Exupéry est un philosophe. Mon père m'a également confié que son nouvel ami n'était pas heureux dans sa vie personnelle, et s'en était ouvert à lui. Il a raconté plus tard, mais pas à moi directement, que Saint-Exupéry lui a dit : « Avec toutes ses questions, Thomas me fait penser à mon Petit Prince. » Ma mère, elle, me disait toujours : « Tu parles trop. »

Sa femme Christine, une Française rencontrée à Oxford et épousée en 1960, dit de son époux : « Thomas, c'est un gars d'une autre planète. »

Les de Koninck vivent depuis de nombreuses années dans un pavillon d'une banlieue tranquille de Québec, à deux pas de l'université. Mais qu'est devenue la maison de Charles ?

Les parents de Koninck, universitaires chargés d'une nombreuse famille, n'avaient pas les moyens, même dans les années 1930, de s'offrir une demeure bourgeoise dans le centre du vieux Québec. Comme Charles était catholique pratiquant, c'est une congrégation religieuse qui lui avait loué, à prix d'ami, puis permis d'acheter ensuite, la fameuse Maison Têtu. Située au 25 avenue Sainte-Geneviève, à quelques centaines de mètres du château Frontenac (lequel, contrairement à son nom, a toujours été un hôtel, très chic, avec vue imprenable sur le Saint-Laurent), elle appartient au patrimoine de la ville. Elle a été bâtie en 1852 par l'architecte Charles Baillargé pour le riche marchand Cirice Têtu, ainsi que le rappelle une plaque apposée sur sa façade. Une seconde plaque, de l'autre côté de la porte d'entrée, en haut de quelques marches, salue le bref séjour qu'y effectua Saint-Exupéry. La bâtisse est de style néoclassique hellénisant, avec ses trois étages en pierre grise, d'allure sévère. Un perron à colonnes, un petit balcon égayent un peu la façade.

La maison, en mains privées, qui appartient depuis dix ans à Paolo et Sophie, ne se visite pas. Les de Koninck nous avaient dit qu'elle était de surcroît en travaux. Mais j'ai décidé de tenter quand même la chance, laquelle fut, ce jour-là, de mon côté.

Sophie était présente, en plein télétravail, et m'accueillit au débotté, avec beaucoup de gentillesse. Elle m'a fait visiter les salons, meublés par son antiquaire amateur de mari, avec des meubles anciens, montré les moulures et les imposantes cheminées, d'époque. Visite guidée : « La maison est vaste. Les de Koninck étaient nombreux, et recevaient beaucoup à l'époque, des collègues et de nombreux étudiants. Elle n'a jamais eu de jardin, mais une cour avec une cave à charbon, laquelle avait été transformée en mini-piscine, pour le plus grand bonheur des enfants. » Thomas, en effet, m'en avait parlé la veille. « En vertu de la loi fédérale sur le patrimoine, reprend la maîtresse des lieux, la maison tout entière n'est pas classée, mais seulement ses lustres, les vitraux du grand escalier en tourbillon, et ses cheminées. » Ces fameuses cheminées, bien utiles dans un pays au climat si rude, qui rappellent à notre hôtesse un autre témoignage, totalement inconnu.

Parmi les dix enfants de Koninck qui ont vécu, Thomas a une sœur cadette de quelques années, Godelieve (un prénom flamand rare). Celle-ci, qui habite également Québec, a rédigé ses souvenirs dans un petit volume intitulé *Souvenirs pour demain*, autoédité à Québec en 2011. Voici ce qu'elle y écrit à propos du 4 mai 1942 :

> Je revois (Saint-Exupéry) le coude appuyé sur la tablette qui surplombait la cheminée de notre salon quand il était invité à souper. Les cheveux noirs, lisses, une physionomie spéciale que j'aurais de la difficulté à décrire ; silencieux, des yeux extraordinaires, profonds, qui nous fouillaient comme des rayons X. Il avait l'air de s'ennuyer. Les adultes passaient à table et je ne sais pas par quelle astuce, mais tout à coup, il se retrouvait avec nous, au sous-sol. Il s'asseyait par terre, nous fabriquait des avions en papier et les faisait voler d'un bout à l'autre de la pièce.

Elle en vient ensuite à Thomas et à ses questions, au *Petit Prince*, « qui réussit encore à calmer mes angoisses, à me procurer les réponses que je cherche et, surtout, à me permettre de continuer à croire au pouvoir de l'imaginaire, pouvoir essentiel à l'être humain pour vivre pleinement ».

On ne saurait faire plus bel éloge d'un livre.

Le lendemain, Saint-Exupéry s'apprête à regagner New York, et se voit refouler à l'entrée aux États-Unis. Sa situation n'est évidemment pas en règle. Et, sous toutes les latitudes, fût-on un écrivain célèbre, les administrations se ressemblent : tracassières, tatillonnes, lentes. La guerre n'arrange évidemment pas les choses. Bref, le voilà prié de demeurer à Montréal, en attente d'une régularisation dont on l'avise qu'elle pourrait prendre jusqu'à six mois ! Sa « rétention » à l'hôtel Windsor durera, en fait, jusqu'à début juin : cinq semaines.

Dès le début, Bernard Valiquette s'affaire à faire « libérer » son auteur, mais tout cela prend du temps. Et Saint-Exupéry s'énerve. Il bombarde de lettres ses éditeurs américains, mêlant reproches, injonctions et désespoir : « Je suis absolument malade d'angoisse, écrit-il à Curtice Hitchcock. J'ai des crises de foie toutes les nuits. » Somatisation peut-être, l'auteur va néanmoins tomber réellement malade, et être alité durant deux semaines pour cause de cholécystite. Plutôt que du foie, c'est de la vésicule biliaire qu'il souffre, entre autres.

Dans ses lettres, il développe une forme de paranoïa, persuadé qu'il est la victime d'un « complot gaulliste ». Des partisans du Général, parmi lesquels il ne comptait pas que des amis, auraient intrigué à Washington afin de lui nuire, voire de l'empêcher de revenir aux États-Unis. Outre que l'on ne voit pas bien comment ils auraient procédé, on peut se demander quel aurait été l'intérêt de l'opération. Si Saint-Exupéry a plusieurs fois réitéré son hostilité au gaullisme, par peur qu'une fois la guerre gagnée, le

Général et les siens n'accaparent le pouvoir, s'il a été approché durant son exil par des représentants de diverses factions françaises, ainsi que par les Américains désireux d'explorer toutes les hypothèses politiques possibles pour l'après-guerre, l'écrivain n'a jamais représenté de menace sérieuse pour personne, ni manifesté la moindre ambition personnelle. De plus, vu sa notoriété, chaque parti avait plutôt intérêt à essayer de se le rallier que de s'en faire un ennemi. Mais il n'en démord pas.

Il écrit également, comme à son habitude, longuement, chaque jour, à « ses » femmes. Notamment Silvia Hamilton ou Natalie Paley. Le 16 mai, Consuelo réceptionnera d'ailleurs par erreur un télégramme de la belle princesse, ce qui vaudra à Saint-Exupéry une mémorable scène de ménage. On a cru longtemps qu'il se trouvait seul au Windsor dans cette épreuve, son épouse étant demeurée à New York. Or, on sait maintenant avec certitude que Consuelo l'avait rejoint à Montréal, avant le 14 mai. Ce jour-là, le couple, pour une fois réuni, participe à une excursion à plusieurs sur le lac Saint-Louis, à bord du yacht du généalogiste Gabriel Drouin. Avocat et éditeur, celui-ci avait repris en 1938 l'Institut généalogique Drouin, fondé par son père Joseph, dont le but était de microfilmer la majeure partie des registres d'état-civil du Québec, et d'établir ainsi la généalogie des Canadiens français. La preuve en est un petit film amateur muet, en couleur, de 2 minutes et 19 secondes, tourné par l'un des participants à l'escapade, où l'on voit surtout Tonio, en bras de chemise et cravate, tout sourire, détendu, en compagnie de Consuelo et d'autres jeunes femmes. Le temps est radieux, aucun nuage à l'horizon. De ce rare moment de grâce témoigne également un livre d'or, où Saint-Exupéry a écrit : « Le Canada, j'y reviendrai... »[1]

On ne sait pas si Consuelo est demeurée avec son Tonio jusqu'à la fin de sa « détention », ou si elle a regagné New York avant, ni à quelle date précise Saint-Exupéry lui-même est parvenu à rentrer. Début juin, en tout cas.

À Montréal, l'écrivain avait continué de travailler sur le manuscrit de *Citadelle*. Bientôt, surgirait (ou réapparaîtrait) le Petit Prince.

1. L'ensemble, retrouvé en 2010, a été vendu aux enchères chez Sotheby's le 18 mai 2010, pour la somme de 56 000 euros. À l'époque, c'est le musée des Lettres et manuscrits de Gérard Lhéritier qui l'avait acquis. Après le naufrage et la liquidation de cette entreprise, il a été remis en vente le 20 décembre 2017 par Aguttes, et adjugé 20 592 euros.

9

Le Petit Prince, « *born in the USA* » ?

Le 20 septembre 2023, dans un New York complètement congestionné par les cortèges des officiels venus participer à l'assemblée générale des Nations unies, a été dévoilée et inaugurée une statue du Petit Prince, assis sur un muret qui longe le jardinet de la Villa Albertine, 972 Fifth Avenue and 78th Street, en face de Central Park. Cette somptueuse villa Art déco abrite les services culturels de l'ambassade de France aux États-Unis, ainsi qu'une librairie française, à la place de celle, historique, de la 5e Avenue, qui a fermé il y a peu.

Le petit bonhomme en bronze de 60 kilos, qui semble attendre quelqu'un ou quelque chose, la tête tournée vers le ciel et les étoiles, est l'œuvre du sculpteur Jean-Marc de Pas, familier de l'univers de Saint-Exupéry, « qui m'a aidé à me construire », dit-il. Il admire également l'homme, « qui cherchait à donner du sens aux choses ». C'est l'American Society of Le Souvenir français qui, aux États-Unis, entretient la flamme de la fraternité entre la France et l'Amérique depuis la seconde guerre mondiale. Elle est à l'origine de cette initiative afin de marquer le quatre-vingtième anniversaire de la publication du *Petit Prince* aux États-Unis, en anglais puis en français, en avril 1943. Cette année, en 2024, un buste de l'aviateur-écrivain devrait être inauguré à Washington, en mémoire de sa disparition, aux commandes de son avion, le 31 juillet 1944. « C'est comme si le Petit Prince revenait chez lui, là où il est né », dit Olivier d'Agay, petit-neveu de « Tonio » et directeur de la Succession d'Agay-Saint-Exupéry. Presque, car la statue se trouve en territoire diplomatique français, et le muret où elle est assise a dû être reculé de quelques centimètres afin que ses pieds n'empiètent pas sur le trottoir, sol américain, lui ! Au pays de l'oncle Sam, on ne plaisante pas avec ce genre de choses, et les Américains peuvent se montrer de redoutables procéduriers, comme on sait. Notre jeune compatriote est donc bien sur le sol national.

Dans leurs discours, Catherine Colonna, ministre des Affaires étrangères et de l'Europe, et Laurent Bili, ambassadeur de France aux États-Unis, venus inaugurer la statue avec la famille et les amis, ont insisté sur cette relation fraternelle entre la France et les États-Unis, dont Saint-Exupéry et son héros constituent en quelque sorte les symboles. Ensuite, tout ce petit monde s'est transporté jusqu'à notre consulat, un peu plus bas, 934 Fifth Avenue, pour fêter dignement l'événement.

Alors, « *born in the USA* », le Petit Prince ? Oui et non. Chez Saint-Exupéry, les choses sont toujours plus compliquées que les apparences. Bien sûr, le livre, conte pour adultes plus que pour enfants, a été écrit durant l'été 1942, à la demande amicale de son agent Maximilian Becker et de son traducteur Lewis

Galantière, qui, en raison d'un accident, n'a pas été en mesure de le traduire lui-même. C'est Katherine Woods qui s'en est chargée. L'écrivain a travaillé dans la belle villa néoclassique de Bevin House, louée à Long Island, tout au bout de la presqu'île, face au Connecticut, à deux bonnes heures de New York aujourd'hui. Il avait été décidé qu'il illustrerait lui-même son texte, une idée de génie.

Le manuscrit original, le seul, l'unique (alors qu'il existe plusieurs tapuscrits postérieurs du texte) se trouve à la Morgan Library & Museum, 225 Madison Avenue, un trésor que nous montre, privilège rare, le professeur Philip S. Palmer, conservateur en chef du département des manuscrits littéraires et historiques de l'institution, et spécialiste de Saint-Exupéry. Le manuscrit avait été offert par l'écrivain à sa chère amie Silvia Hamilton, le 2 avril 1943, le jour même de son embarquement pour Oran, la guerre et la mort, en reconnaissance de son soutien, de son affection durant ses années d'exil. Silvia l'a vendu en 1968 à la Morgan, pour la somme de 7 500 dollars de l'époque (soit environ dix fois plus aujourd'hui, ce qui reste une somme dérisoire), trouvée « grâce à l'aide d'une mécène passionnée par la littérature jeunesse », raconte Philip Palmer.

Le manuscrit est rédigé, d'abord au crayon à papier puis à l'encre, sur un modeste papier pelure d'oignon fragile et grisâtre, puis un papier marron plus épais. C'est un manuscrit très travaillé, comme tous chez Saint-Exupéry, qui comporte quelques corrections, quelques petits dessins in-texte, différents de ceux qui figureront dans le livre. Le roi, par exemple, y apparaît bien plus inquiétant. Certains feuillets portent des trous d'épingle, des traces de café au bas des pages, voire des brûlures de cigarette... On croit voir l'écrivain à sa tâche, seul chez lui, dans la fièvre ou la souffrance. À la dernière page du manuscrit, la 141, il a dessiné un Petit Prince faisant le ménage sur sa planète... Le manuscrit est accompagné de 46 dessins aquarellés sur le même papier pelure, dont certains n'ont pas été repris dans le livre, tiré à 525 exemplaires pour sa première édition en anglais. On y trouve des croquis préparatoires pour le businessman ou le chasseur de papillons. Un dessin présente une brûlure. Saint-Exupéry n'était pas très soigneux avec ses manuscrits, semés à tous les vents. Heureusement celui-ci a été sauvé par Silvia Hamilton, et est aujourd'hui conservé en toute sécurité. On ne le touche qu'avec des gants, et, si l'on prend des notes durant sa consultation, ce ne peut être qu'au crayon à papier. Précaution, et espèce d'hommage au Saint-Exupéry dessinateur.

Si le Petit Prince a bien vu le jour en Amérique en 1942-1943, son histoire et sa relation avec son auteur sont bien antérieures. On sait, par des dessins, des lettres et des confidences à des proches, que l'écrivain portait en lui « un petit bonhomme » depuis les années 1930, les cheveux ébouriffés et parfois revêtu d'une longue cape. Il le hantait, il l'avait déjà esquissé dans des dessins ici ou là, lui qui dessinait comme il respirait. Il en a été question au chapitre IV, peut-être avait-il songé à l'écrire dès 1939, avant son départ, si l'on croit le témoignage d'Alfred Mame, invérifiable.

Épilogue

La date semble maintenant certaine, attestée grâce à l'historique du bateau sur lequel il a navigué : Saint-Exupéry s'est embarqué le 2 avril 1943 à New York, sur le *Stirling Castle*[1]. Enfin ! Après des mois d'efforts et de tractations avec les autorités militaires américaines. Sa gloire, son âge (43 ans, au lieu du maximum de 30 ans pour piloter), son mauvais état de santé, sa fragilité psychologique plaidaient contre son engagement dans l'active. On a finalement passé outre.

Le *Stirling Castle* était un paquebot de la compagnie britannique Union Castle Line construit à Belfast en 1935, chargé d'assurer le service postal entre Southampton et l'Afrique du Sud. Durant la guerre, il servit de transport de troupes, convoyant quelque 128 000 soldats, et s'en est sorti indemne. Le navire faisait partie d'un convoi de trente bâtiments, transportant vers l'Afrique du Nord quelque 50 000 « soldats de chez nous », écrira Saint-Exupéry dans sa « Lettre à un Américain ».

---

1. Voir : https://www.bandcstaffregister.com/page4363.html.

Ce précieux témoignage est en fait un article de six pages manuscrites que Saint-Exupéry a rédigé à Alghero, en Sardaigne, dans la nuit du 29 au 30 mai 1944. C'était une ancienne promesse faite à son ami John Phillips, reporter-photographe au magazine *Life*, qui l'avait aidé à voler à nouveau avec le groupe 2/33. Il écrit son texte d'un seul jet et le lui donne. La « lettre » ne sera publiée qu'en 1973, dans *Air France toujours* n°1, puis reprise en 1981 dans le n° 96 de la revue *Icare*, avec témoignage et photos de John Phillips.

Outre quelques renseignements factuels, Saint-Exupéry y exprime un certain nombre d'idées : sa reconnaissance à l'Amérique, surtout à ses « jeunes gens [qui] meurent dans une guerre qui, pour la première fois dans l'histoire du monde est pour eux, malgré toutes ses horreurs, une confuse histoire d'amour ». Il dit sa joie intense de pouvoir voler sur son Lightning P-38, envers et contre tous les « règlements américains inhumains » concernant son âge. Son bonheur d'avoir réintégré le groupe 2/33, avec le grade de commandant, sous les ordres de son ami René Gavoille, chef de l'escadrille française placée sous commandement américain. Il évoque le destin de la France d'après-guerre, cette France dont il survole enfin le sol, et pour laquelle il ne pouvait pas ne pas combattre : « Mais comment penser sur la France si l'on ne prend pas une part du risque ? Là-bas on souffre. On lutte durement pour survivre. On meurt. » Il ne croyait pas si bien dire. Il lui restait exactement deux mois à vivre.

Afin de se refaire la main, et avant de rejoindre le groupe, Saint-Exupéry effectue quelques vols d'entraînement en

Algérie. En mission le 29 juin, une panne de moteur l'empêche de regagner la base d'Alghero, en Sardaigne, où est stationné le 2/33. Il doit atterrir à Bastia. C'est d'ailleurs dans ce nord de la Corse, à Borgo, que s'installe le groupe, le 17 juillet. Et c'est à partir de l'aérodrome de Poretta que Saint-Exupéry, qui n'avait théoriquement le droit qu'à cinq missions, effectue plusieurs vols de *mapping*, au-dessus de la Provence, où aura bientôt lieu le débarquement, le 15 août. Durant ces reconnaissances photographiques destinées à établir des cartes sûres, il survole la crique d'Agay, entre Fréjus et Saint-Raphaël, berceau de la famille de Pierre, le mari de sa sœur Gabrielle. C'est là qu'il s'est marié avec Consuelo, en 1931, là qu'il a été heureux avec toute sa tribu, notamment ses neveux. Le château, lui, a été détruit par les Allemands en 1943.

C'est pour une nouvelle mission de *mapping* que le commandant de Saint-Exupéry décolle de Poretta, à 8 h 25, le 31 juillet 1944, seul aux commandes de son Lightning P-38, non armé. Le plein est prévu pour une durée maximum de six heures. À 8 h 30, dernier écho radar, puis il disparaît. Dès le début, à la base, c'est l'inquiétude. Les heures passant, ses camarades comprennent vite. Le « tonton miracle », comme l'appelait son neveu Jean d'Agay, ne reviendra plus. « Porté manquant », disparu.

La nouvelle est annoncée par la radio d'Alger, qui parle de « disparition ». La famille, les amis veulent encore croire à un miracle. Et puis, une dépêche tombe : Saint-Exupéry est officiellement disparu. Après la sidération, les hommages se multiplient, Gide, ou encore

Robert de Saint Jean, proche de Julien Green, qui, dans *Le Figaro* du 30 septembre 1944, écrit : « On espère malgré tout, et l'on se rappelle combien de fois, dans le passé, Saint-Exupéry joua victorieusement à cache-cache avec la mort ! »

Pas cette fois.

Le 3 novembre 1944, l'aviateur est cité à l'ordre de l'armée aérienne. En 1948, il est reconnu « mort pour la patrie », puis, en 1950, cité à l'ordre de l'armée à titre posthume pour avoir « prouvé, en 1940 comme en 1943, sa passion de servir et sa foi en le destin de la patrie ». En 1965, une plaque à son nom sera apposée au Panthéon. Tout cela s'apparente à un requiem pour un cénotaphe, car les premières recherches pour retrouver son avion, et son corps, entreprises dès la fin des années 1940, largement relayées dans la presse, ont à chaque fois échoué. Les hypothèses les plus hasardeuses sont émises : Saint-Exupéry se serait suicidé, ou bien ne serait pas mort, et se serait enfui quelque part. D'autres pensent qu'un aviateur allemand l'aurait abattu, au-dessus des Alpes… Il a fallu attendre 1998 pour que le doute soit levé : un pêcheur a trouvé, au large de la calanque de Sormiou, dans le 9e arrondissement de Marseille, la gourmette en argent offerte par Consuelo à son Antoine. À demi, en mauvais état, mais l'inscription de leurs deux noms y est parfaitement lisible. Ensuite, en 2000, ont été retrouvés, dans la même zone maritime de Marseille, au nord-est de l'île de Riou, « les vestiges d'un aéronef de la seconde guerre mondiale » formellement identifié comme le Lightning

P-38 de Saint-Exupéry en 2003. Fin d'un feuilleton qui a alimenté thèses et antithèses, polémiques, et tant de livres….

Marie de Saint-Exupéry, sa mère, qui a vécu jusqu'en 1972, disait déjà, ainsi que plusieurs membres de la famille d'Agay nous l'ont rapporté : « Là où est Antoine, qu'on le laisse tranquille. » Quant au Petit Prince, juste avant de partir, il confie à l'aviateur : « J'aurai l'air d'être mort et ce ne sera pas vrai… »

Le « petit bonhomme » avait raison, puisque, depuis quatre-vingts ans, des millions d'hommes, de femmes et d'enfants le lisent dans toutes les langues, tous les dialectes. On compte plus de 550 traductions en 2023[1].

C'est le livre le plus traduit au monde.

Après la Bible.

Paris – Juignettes – New York – Montréal – Québec
2022-2023

1. Toutes ces traductions sont recensées sur https://petit-prince-collection.com/lang/intro.php?lang=fr, le site de Jean-Marc Probst, dirigeant d'entreprise suisse qui collectionne les éditions du *Petit Prince* et soutient les projets de traduction en langues rares ou minorées.

Références

Œuvres de Saint-Exupéry

Écrits de guerre, Paris, Gallimard, collection « Blanche », 1982.

Les *Écrits de guerre*, publiés à titre posthume en 1982 par les éditions Gallimard, rassemblent les textes de Saint-Exupéry relatifs à son engagement et ses prises de position entre 1939 et 1944. Cet ensemble de lettres, interviews, messages et allocutions radiophoniques est accompagné de la *Lettre à un otage* et de nombreux témoignages d'époque sur Saint-Exupéry.

Œuvres complètes, Paris, Gallimard, 2 volumes, « Bibliothèque de la Pléiade », 1994 (I) et 1999 (II).

Édition de Michel Autrand, Michel Quesnel, Paule Bounin et Françoise Gerbord. Cette édition de référence contient l'ensemble des écrits de Saint-Exupéry connus à l'époque, avec un très important appareil biographique et critique. Le volume II porte sur les années 1939-1944 et contient notamment les trois livres publiés durant la période, *Pilote de guerre*, *Le Petit Prince* et la *Lettre à un otage.*

« Cher Jean Renoir », Saint-Exupéry raconte Terre des hommes à Jean Renoir, Paris, Gallimard, coll. « Les Cahiers de la NRF », 1999.

Transcription des disques enregistrés par Saint-Exupéry en 1941 pour Jean Renoir concernant leur projet d'adaptation de *Terre des hommes*.

Des extraits audios de ces enregistrements ont aussi été publiés sur disque par Gallimard la même année.

Dessins. Aquarelles, pastels, plumes et crayons, édition de Delphine Lacroix et Alban Cerisier, Paris, Gallimard, 2006.

Cet album est le premier catalogue des dessins de Saint-Exupéry, présentant 490 pièces allant de 1911 à 1944.

Manon danseuse, suivi de *L'Aviateur*, Paris, Gallimard, 2007.

Autour de Courrier Sud et de Vol de nuit, Paris, Gallimard, 2007.

Lettres à l'inconnue, Paris, Gallimard, 2008.

Du vent, du sable et des étoiles. Œuvres, Paris, Gallimard, coll. « Quarto », 2018.

Œuvres de Saint-Exupéry

Édition des œuvres de Saint-Exupéry établie par Alban Cerisier, comprenant de nombreux textes inédits comme les poèmes de jeunesse à Louise de Vilmorin, avec une abondante iconographie ainsi que de nombreux témoignages et documents sur la présence de Saint-Exupéry aux États-Unis.

Correspondance, (1930-1944), Paris, Gallimard, coll. « Blanche », 2021.

Édition de la correspondance inédite entre Antoine de Saint-Exupéry et Consuelo, de leur rencontre à la disparition d'Antoine.

À la rencontre du Petit Prince, édition d'Alban Cerisier et Anne Monier, Paris, Gallimard/Musée des Arts Décoratifs de Paris, 2022.

Catalogue de la rétrospective de plus de 600 pièces consacrée à Saint-Exupéry au musée des Arts décoratifs de Paris en 2022, avec de nombreux dessins et textes inédits.

Biographies et témoignages

MARCK, Bernard, *Antoine de Saint-Exupéry*, t. II, *La Gloire amère (1937-1944)*, Paris, l'Archipel, 2012.

LA BRUYÈRE (de) [SCHIFF], Stacy, *Saint-Exupéry. Une vie à contre-courant*, tr. Dominique Lablanche et Françoise Bouillot, Paris, Albin Michel, 1994.

CATE, Curtis, *Antoine de Saint-Exupéry, laboureur du ciel* (1970), Paris, Grasset, 1973.

Revue ICARE, n°84, « Saint-Exupéry. Cinquième époque 1941-1943 », automne 1978 et n°96, « Saint-Exupéry. Sixième époque 1943-1944 », printemps 1981.

ICARE, la revue du Syndicat national des pilotes de ligne, a publié de 1974 à 1984, sous la direction de Jean Lasserre, sept tomes consacrés à Antoine de Saint-Exupéry. Recueillant de très nombreux témoignages de personnes l'ayant connu, ainsi qu'une grande quantité de photographies, documents d'archives et textes souvent inédits, ces numéros constituent la première source d'informations sur Antoine de Saint-Exupéry.

SUCHEL, François, *Antoine de Saint-Exupéry. L'aventure des ailes à la plume*, Paris, Paulsen, 2021.

TANASE, Virgil, *Saint-Exupéry*, Paris, Gallimard, coll. « Folio biographies », 2013.

VALLIÈRES (des), Nathalie, *Saint-Exupéry. L'archange et l'écrivain*, Paris, Gallimard, coll. « Découvertes », 1998.

Mentionnons enfin www.antoinedesaintexupery.com, le site dédié à l'écrivain par la succession Saint-Exupéry-d'Agay.

Saint-Exupéry en Amérique du Nord

BREAUX, Adele, *Saint-Exupéry in America, 1942-1943. A Memoir*, Plaibsoro (États-Unis), Associated University Presses, 1971.

La secrétaire new-yorkaise de Saint-Exupéry offre un témoignage exclusif sur sa vie intime, sa façon de travailler et ses relations américaines.

CERISIER, Alban (dir.), *Il était une fois... Le Petit Prince*, Paris, Gallimard, coll. « Folio », 2006.

COLLECTIF, *Pilote de guerre. L'engagement singulier de Saint-Exupéry. Actes du colloque de Saint-Maurice-de-Rémens*, Paris, Gallimard, 2013.

FAY, Eliot Gilbert, « *Saint-Exupéry in New York* », *Modern Language Notes*, n°7, novembre 1946.

GERBER, François, *Saint-Exupéry, écrivain en guerre,* Paris, Jacob Duvernet, 2012.

LESAGE, Claudine & DUGRAND, Alain, « Saint-Exupéry. Le Petit Prince rival du Général », *Epok*, n°4, mars 2000, p. 36-39.

LOYER, Emmanuelle, *Paris à New York. Intellectuels et artistes français en exil (1940-1947)*, Paris, Grasset, 2005.

MCCLINTOCK, Stuart, « Saint-Exupéry in the United States 1938-1943 », *Journal of the American Studies Association of Texas*, novembre 2006.

MEHLMAN, Jeffrey, *Émigrés à New York. Les intellectuels français à Manhattan 1940-1944* [2000], tr. Pierre-Emmanuel Dauzat, Paris, Albin Michel, 2005.

ODAERT, Olivier, « L'otage et l'exilé : *33 jours* de Léon Werth et *Pilote de guerre* d'Antoine de Saint-Exupéry », *Cahiers Saint-Exupéry*, n°6, Association des Amis d'Antoine de Saint-Exupéry/Éditions de l'Astronome, 2022, p. 125-145.

QUESNEL, Michel, « À propos de *Lettre à un otage* », *Cahiers Saint-Exupéry*, Association des Amis d'Antoine de Saint-Exupéry/Gallimard, n°2, 1981, p. 48-86.

VIRCONDELET, Alain, *Saint-Exupéry dans la guerre*, Monaco, Le Rocher, 2018.

VIRCONDELET, Alain, *Un été à Long Island*, Paris, L'Observatoire, 2021.

Remerciements

L'auteur tient à exprimer sa gratitude à ceux qui, des deux côtés de l'Atlantique, l'ont aidé à mener à bien son projet.

À Paris : Olivier d'Agay, Alexandre Tanase et la succession Saint-Exupéry-d'Agay, Martine Fructuoso Martinez et la succession Consuelo de Saint-Exupéry, Jean-Luc Barré, Pierre Chardot, Marie-Laure Defretin et tout le monde chez Plon, Benoît Forgeot...

À New York : l'Institut français (Louise Quentin), l'Ambassade de France aux États-Unis, SEMA Laurent Bili, le Souvenir français, Jean-Marc de Pas, Philip S. Palmer et la Morgan Library & Museum, Stacy de La Bruyère, Katherine & Barbara...

Au Québec : Thomas, Christine & Paul de Koninck, Sophie et Paolo Gouveia...

Table des matières

Du même auteur (suite)

Le Roman-vrai d'Indochine,
Bartillat, 2005

Passage de la mère morte,
Stock, 2008

Alexandre le Grand,
Hermann, 2008

Les Mystères de Saint-Exupéry,
Stock, 2009

André Gide ou la Tentation nomade,
Flammarion, 2011

Le Voyageur de papier,
Éditions Héloïse d'Ormesson, 2012

Comme des barbares en Inde,
Fayard, 2014

Mylène révélée,
Mazarine, 2016

André Malraux et la Reine de Saba,
Éditions du Cerf, 2016

Indian Paludes,
Belfond, 2017

La Nostalgie des pays perdus,
Éditions du Cerf, 2018

L'Univers d'André Gide,
Flammarion, 2019

Le Photographe de Notre-Dame,
Éditions du Cerf, 2022

Volumes collectifs, ouvrages en collaboration, anthologies, éditions, préfaces et introductions

Le Rap français,
La Table ronde, 2000

De Gaulle vu par les écrivains,
La Table Ronde, 2000

Nouvelle vague. La jeune chanson française depuis 1981,
La Table Ronde, 2002

Le Ramier d'André Gide,
édition et préface, Gallimard, 2002

Le Goût du Népal, anthologie,
Mercure de France, 2004

Le Goût des villes de l'Inde,
Mercure de France, 2005

Le Chant des villes, en collaboration avec André Velter,
Mercure de France, 2006

Le Goût de l'Inde,
Mercure de France, 2007

Le Goût du Tibet,
Mercure de France, 2008

L'Inde (sans les Anglais) précédé de *Mahé des Indes*
de Pierre Loti, édition et préface, Phébus, 2008

Catherine Gide. Entretiens (*2002-2003*),
collectif, Gallimard, 2009

Fantôme d'Orient et autres textes sur la Turquie
de Pierre Loti, édition et préface, Phébus, 2010

Le Goût du Cambodge,
Mercure de France, 2010

Le Goût de la Turquie,
Mercure de France, 2010

Voyages au Moyen-Orient de Pierre Loti,
édition, préface et introductions, Arthaud, 2012

Le Goût du rock'n'roll,
Mercure de France, 2012

Kabîr, La flûte de l'Infini, traductions inédites d'André Gide
d'après la version anglaise de Rabindranath Tagore,
suivi du recueil intégral des *Poèmes*,
édition et préface, Gallimard, 2012

L'Almanach des Voyageurs, sous la direction
de Jean-Claude Perrier, Magellan & Cie, 2012

Le Goût du Paris insolite,
Mercure de France, 2013

L'Almanach des Voyageurs, 2 Babel, sous la direction
de Jean-Claude Perrier, Magellan & Cie, 2013

Voyages en Extrême-Orient de Pierre Loti,
édition, préface et introductions, Arthaud, 2014

Le Goût de Bombay,
Mercure de France, 2015

Voyages en Inde de Pierre Loti,
édition et préface, Arthaud, 2015

Louis Poirier, détective du passé.
Opération Toutânkhamon, en collaboration
avec Laurent Lemire, JC Lattès, 2016

Vers l'Inde de Jack Thieuloy,
édition et préface, Arthaud, 2016

Voyages en Turquie de Pierre Loti,
édition, préface et introductions, Arthaud, 2016

Le Goût de La Havane,
Mercure de France, 2017

Au Maroc de Pierre Loti,
édition et préface, Arthaud, 2017

Reportages de guerre de Pierre Loti,
édition, préface et introductions, Arthaud, 2018

Le Goût de la Grèce,
Mercure de France, 2018

Le Goût de Dieu,
Mercure de France, 2019

Récits de voyages de Guy de Maupassant,
édition, préface et introductions, Arthaud, 2019

De l'île de Pâques à Obock en passant par Séoul et autres récits de voyages de Pierre Loti, édition,
préface et introductions, Arthaud, 2019

Le Voyage en Orient de Gustave Flaubert
et Maxime du Camp, édition et préface, Arthaud, 2020

Le Goût de Jules César,
Mercure de France, 2021

Le Goût du Mexique,
Mercure de France, 2021

Voyage au Congo suivi de *Le Retour du Tchad* et *Dindiki*
d'André Gide, édition et préface, Arthaud, 2022

Retour de l'U.R.S.S., suivi de *Retouches à mon* « Retour
de l'U.R.S.S. » d'André Gide, édition et préface,
Arthaud, 2022

Caractères d'André Gide, préface,
Les Lapidaires, 2022

Les Faux-Monnayeurs d'André Gide, préface,
Conspiration / Éditions, 2022

Le Goût de l'histoire,
Mercure de France, 2023

Mon ennemi, c'est la haine d'Edgar Morin,
dialogues avec Véronique Châtel et Jean-Claude Perrier,
L'Aube, 2023

Imprimé en France par
CPI Firmin-Didot
en mars 2024

N° d'édition : 67023/01 – N° d'impression : 178347